耕耘人生

刘秀兰◎著

河北大学出版社
·保定·

出 版 人：朱文富
责任编辑：王殊宁
美术编辑：王占梅
装帧设计：武 伟
责任校对：杜启昌
责任印制：常 凯

GENGYUN RENSHENG

图书在版编目（CIP）数据

耕耘人生 / 刘秀兰著. -- 保定：河北大学出版社，2022.8

ISBN 978-7-5666-2066-8

Ⅰ. ①耕… Ⅱ. ①刘… Ⅲ. ①散文集－中国－当代 Ⅳ. ① I267

中国版本图书馆 CIP 数据核字 (2022) 第 147168 号

出版发行：河北大学出版社

地址：河北省保定市七一东路2666号 邮编：071000

电话：0312-5073003 0312-5073029

网址：www.hbdxcbs.com

邮箱：hbdxcbs818@163.com

经 销：全国新华书店
印 刷：保定华泰印刷有限公司
幅面尺寸：148 mm × 210 mm
字 数：221 千字
印 张：9.5
版 次：2022 年 8 月第 1 版
印 次：2022 年 8 月第 1 次印刷
书 号：ISBN 978-7-5666-2066-8
定 价：98.00 元

作者简介：刘秀兰，女，1954年10月生，河北黄骅人，中共党员，河北金融学院二级教授，硕士研究生导师，现已退休。

内容简介：作者以亲身经历为题材，记述了一位普通大学教师“耕耘人生”的过程。几十年的学习成长，辛勤耕耘，有梦想追求、使命担当、挫折打击、成功荣誉，收获颇多。

作者从学习、工作和生活不同方面进行回忆，主要写了自己波折起伏的上学成长过程、孜孜不倦的教书育人过程、科学严谨的学术研究过程、规范务实的教学与科研管理过程和丰富多彩的生活点滴，从中可以看出作者在工作中表现出的执着与追求，在生活中保持积极乐观的心态以及对人生的感悟。

序：纸笔无声绘春秋

在这秋高气爽的日子里，收到刘秀兰老师撰写的《耕耘人生》书稿，她委托我给这部作品作序。拜读之后，很受感动并有所感触。我们是同龄人，有过相似的经历和梦想，值得自己将追梦的过程记录下来，让后人了解我们，理解我们。同时，也有必要把“银校精神”“金专精神”“河金精神”传承下去。

刘老师先我两年来到河北金融学院，退休之前我们习惯叫她大姐，因为她的确表现出了大姐的风范。退居二线不离单位，负责科研管理工作，并承担着省委省政府的重点研究项目，带出了一支优秀的青年科学研究团队。

刘老师的作品从学习、工作和生活不同层面进行回忆，主要写她波折起伏的上学成长过程、孜孜不倦的教书育人过程、科学严谨的学术研究过程、规范务实的教学与科研管理过程以及丰富多彩的生活点滴。

她在回忆中谈到，为修改、印刷、装订升本材料，通宵达旦，25 小时没吃没喝。这就是我们的“升本精神”！当时全校上下齐心协力迎接升本评估，老师们为了升本废寝忘食地工作，涌现出许多可歌可泣的人和事，值得大力宣传和弘扬。

刘老师在她的自序中提到两次住院手术时我去看她，那是我们领导应该做的。值得一提的是，两次手术，尤其是像癌症这种大手术，无论是从精神上还是体魄上，都需要时间才能恢复。然而，刘老师表现出了非同寻常的乐观，并且还把工作放在了第一位。手术前把数百份试卷搬到医院的病房评阅，手术后不到一个月就回学校上课。她的这种顽强毅力和敬业精神，值得大家学习。

该作品内容涵盖 20 世纪 50 年代至今日，时间跨度大，千头万绪，需要超常的记忆力和顽强的写作毅力。庆幸的是，刘老师满腔热情，做事认真，选取自己感悟深刻的素材进行撰写。

几十年前的人和事，娓娓道来，如在昨天。她从上学、启蒙开始，写到中学、大学、继续教育；从回乡务农、当村干部，写到工作后担任学校团委书记和班主任；从金融教学与社会实践、科学研究与职称晋升，写到教学管理、科研管理；从金融研究所、产学研合作处，写到研究生教育以及学校师德标兵的评选，一直到退休返聘以后的教学督导工作。一桩桩、一件件，事实逼真、发自肺腑，其书写脉络清晰，内容生动翔实，是难忘岁月的一份珍贵写真。

刘老师的奋斗生活史，就是不断学习、积极进取、永攀高峰的过程。她的那种坚忍不拔、持之以恒的精神，值得我们学习。

刘大姐是河北金融学院的普通老师之一，她代表了河北金融学院的一代人。河金在发展成长的历史长河中，孕育了一大批像刘老师这样的师者，在平凡的岗位上干出了不平凡的事业。

河北金融学院始建于1952年，原隶属于中国人民银行总行。初创阶段，历经中国人民银行河北省分行银行学校、保定银行学校、河北财金学校、河北银行学校等发展时期。1984年升格为专科院校，归属中国人民银行总行管理，更名为“保定金融专科学校”；1992年，更名为“保定金融高等专科学校”。2000年，划归河北省人民政府管理，实行“中央与地方共建，以地方管理为主”的管理体制。2007年，升格为本科院校，更名为“河北金融学院”。它是华北、西北地区唯一一所具有鲜明金融特色的中央与地方共建院校，是河北省优先发展的金融人才培养基地。

几十年过去，刘老师把芳华留给了这所学校。四十年如一日，她以校为家、关爱学生、秉承校训、服务社会，培养了一批又一批优秀毕业生，并带动和影响了大批青年教师。这里引用2012年河北金融学院第三届师德标兵评选委员会给刘老师的颁奖词，以结束对她学习和工作上的评价。

人生有多种选择，无私的选择可歌可泣。而立之年，放弃行政职务，从头学习；功成名就，仍笔耕不辍，致力科研；退居二线，不离单位，甘当人梯！

文章中，生活篇的写作方法更为贴近现实与生活，特别是追忆亲人，如《我的父亲母亲》《二嫂》等，情真意切、感人至深。其中写到双亲离世时，因为工作忙而未能相送，留下了终身的遗憾。我也曾记得，她父亲去世时，由万素英书记代表学校前去吊唁，以表达学校对刘老师的关怀和慰问。

总体上看，刘老师的回忆内容翔实、图文并茂，不但为社会留下精神食粮和财富，更重要的是给我们许多启发和借鉴。如，学习在逆境中奋起，在困难中拼搏；工作要敬业爱岗，干一行、爱一行、钻一行，与时俱进、永攀高峰；身体要劳逸结合，坚持锻炼；心态要豁达乐观，积极向上；正确认识和处理亲情和其他关系；等等。

河北金融学院自建校以来，在一批又一批像刘老师这样的教师的共同努力下，为国家和社会培养了大批优秀人才，其中近万名校友担任金融行业中高级管理职务，百余位校友担任省级以上金融机构主要领导职务，学校被业界誉为“金融人才摇篮”。

我们秉承“明德守信、求真尚行”的校训，弘扬“笃学、创新、唯实”的校风，以“特色立校、质量兴校、人才强校、依法治校”为办学理念，坚持“立足河北、面向全国、依托行业、服务社会”的办学宗旨，以培养具有创新精神、国际视野和良好发展潜质的应用型人才为目标，致力于建设金融特色鲜明的高水平、应用型财经大学。

未来的河北金融学院，一定会越来越好！

陈学厚

2021 年 10 月于保定

自 序

时光荏苒，岁月如歌。儿时的记忆仿佛还在眼前，转眼之间年近七旬。中老年人念旧是一种普遍现象，看一看旧物件，翻一翻旧照片，写一写过去发生的事，一方面，会给自己的生活带来无限的遐想和乐趣；另一方面，也可以为孩子们留下一些拼搏与积极向上的精神。写这本书的初衷就在于此。

闲暇之时，我常常静下心来仔细回想，想起上小学、中学、大学和在职脱产进修学习、攻读第二学历时的情景，想起回乡务农和参加工作后的追求梦想与不懈努力，想起退休之后的幸福美好生活……一边回想，一边如实地记录下当时所发生的一切。

令我记忆犹新的是大学毕业参加工作后的日子。在这 40 年期间，我有过成功的喜悦，有过失败的教训，有过疾病的痛苦，有过美好的梦想……

1978年我被分配到这所学校，因为工作的需要，走过许多岗位。从事过专职教学、科研和行政管理工作，也从事过教学管理和科研管理工作，曾经是专职教学督导员。每走上一个新的岗位，我都会给自己重新定位，确立方向目标。不管到哪里工作，始终没有忘记自己是一名共产党员，没有忘记自己是一名专业技术人员。对本部门的任务和自己所从事的本职工作，认真负责，并且进行理论研究和认真总结实践，不断追求卓越。也正是因为如此，才取得了一些可喜的成绩。

为了给这些回忆增添时代的色彩，翻开一本本相册，拿出一张张发黄了的旧照片，用手机翻拍下一个个历史瞬间。然后，将这些旧照片插入相关背景内容之中，使其图文并茂，更好地展现历史和过去。

有时候，我会把这些不成熟的作品读给小孙子听，一是想听听小读者的意见，二是想带动一下孙子好好学习写作文。孩子听了说很有意思，这也鼓励我继续写下去。

在写作过程中，经常看到我教过的一位学生——现任甘肃多邦商贸有限公司总经理的陈彦军同学，在美篇APP中发表诗歌、散文和小说等文学作品，很受启发也有些同感，于是相互切磋。在他的鼓励和帮助下，我开始系统地整理几十年的相关资料，构思回想，从而得以完成这部作品。

陈彦军同学擅长文学创作，对语言学也颇有研究。多少年他一直坚持写作，在网络平台上发表过数百篇作品，并出版过多部散文、诗歌。我读了他的文章，如身临其境，深受感染，于是，就写了一篇《上学》发给他看。他看了说："故事情节生动感人，文笔也不错，表述细腻，读起来很有韵味。值得将自己的人生追求写一写。”他还主动帮我润色、提出修改意见，这才使我树立起了出书的信心。

回首往事，对自己的那些非同寻常的经历，记忆犹新。几十年学习成长，辛勤耕耘，有梦想追求、使命担当、坎坷挫折、成功荣誉、生活趣事，懂得感恩，不负年华，处处充满正能量，在平凡的工作中干出了自己不平凡的事业。把这些一一记录下来，也是一件非常有意义的事情。

在梳理过去的学习成长、工作纪实和生活点滴的基础上，开始书写自己的这部《耕耘人生》。写作过程中精心打磨，力争向社会奉献一本好书。希望读者能喜欢我的作品，并提出宝贵意见。

说明两点：第一，书中记叙的内容全部是实事，没有任何虚构、夸张。因为，“尊重现实，还原历史”是我这次写作的原则。所以，如实地记录下了自己的过去和我的同学、同事、老师、朋友以及家人。第二，关于“引子”中文章的引用，是在书稿完成后归整所用资料时，看到了2012年河北金融学院党委宣传部印发的《师者》，便翻开阅读，当读到对我的报道时，深感是对自己30多年工作的总体评价。于是，委托党委宣传部的田玉莹副部长找来底稿，并征得了河北金融学院当时党委宣传部领导同意，将这段《木秀于林兰葳蕤》的原文作为引子放在了书稿中。

初稿完成后，先交给我工作单位的原院长（后来的党委书记）陈尊厚博士把关，而后进行修改，并联系出版、印刷事宜。

我与陈尊厚院长在一起工作多年，共同教过同一门课程，而且也曾经是好邻居。他在百忙之中抽出时间为我的作品作序，深表感谢，在此感谢的不仅仅是这一点，还特别感谢他一直以来对我的关心和帮助。

几十年来，陈院长一直关心我的生活，支持鼓励我的工作。1998 年、2000 年，我两次住院做手术，他都在第一时间赶到医院看望，把温暖送进病房。教学与科研工作中，他给我压担子、指方向、解难题。

回忆这些往事，我越发感觉记录一个时代的必要性。回忆记录过去，不仅仅是说明自己，也说明这个时代及其变迁中的人和事。

我从 1978 年来到这所学校，一直到退休后的返聘，整整在这里工作了 40 年。40 年中，学校从中专到大专到本科，再到研究生教育，一路凯歌。我作为实际参与者和见证人，为自己，也为学校留下些文字，是分内之事。因此，我回顾了从 1978 年大学毕业分配到这所学校之后，所从事过的主要工作和经历的一些事情，用文字把它叙述了出来。

中专时期，我曾担任学校团委书记，为了与同学们有更多的共同语言和交流机会，我开始自学金融专业知识。从此，与金融结下了不解之缘。

大专时期，我担任过 8 年的教研室主任，与教金融专业课的老师们一起摸爬滚打，奋斗了十几年。后来转岗，成了一名较年轻的专职教学督导员。

本科时期，为学院成立金融研究所积极谋划，应领导委托，撰写论证报告，详尽地论证了河北金融学院成立金融研究所的必要性和可行性。金融研究所获批挂牌成立后，我成了第一批专职研究人员，积极为地方经济社会发展建言献策，提供理论支持。

退居二线，不离单位，继续为学校发展做着应有的贡献。同时，笔耕不辍，加大自己的科学研究力度，并主动承担更多的科研管理工作。

退休返聘，再次来到了教学督导岗位……

40 年道路坎坷，历经磨练，使自己成熟成长。本书较完整地记录了这一过程。

这部作品的出版，还得到了中国农业大学图书馆副馆长左文革研究员的帮助。她是我的外甥女，虽然不是嫡亲，但她始终把我的事当成她自己的事。前些年，我与学校督导组一行人前去中国农业大学参观学习，文革帮着联系相关部门接待座谈；搞科研的时候，我常常需要查阅资料、检索论文，她为我出钱出力提供方便；中国农业大学新图书馆落成开馆，文革邀请我前去参观。这次听说我要出书，她喜出望外，根据自己对图书的研究，热心帮我设计并联系出版事宜。自家表亲虽说无须言谢，但我也充满着感激，感谢她为我所有的付出。

最后，还要提到我的老公，他是一个做事非常细心认真的人。近半个世纪以来，我俩相互扶持、共同进步。他就职于河北大学，几十年行政、业务双肩挑，每天的时间除了工作就是学习。在职时，他为人处世热情正直；退休后，教学工作仍在继续，至今，依然在大学校园里忙碌。

我俩所从事的专业不同，他始终支持我的学习和工作。我开始写这本书，他非常赞同并且积极协助。不过，书中关于他的文字很少，因为在工作上，我俩虽然不能说是“井水不犯河水”，但也基本互不过问、互不干涉，家中的小事也都由我一人处理。所以，书中只有在“大学生活”和“进修学习”两部分内容中能够看到他的影子。因为我们俩是大学同学，在班里他是学习委员，比我这个班长更加受同学们的爱戴。另外，在我们的儿子上小学之前的6年里，我有三整年的时间外出进修学习，他又当爹又当妈，全力支持我的事业发展。这里，也对他表示谢意，感谢他46年来对我学习、工作上的支持和生活上的关心照顾。

我们在高校工作了几十年，把毕生精力献给了祖国的教育事业，深感欣慰。同时，对河北金融学院、河北大学情有独钟，准备把这部作品作为生日礼物，献给河北金融学院七十周年华诞；也为我的母校——河北大学，增添一道绚丽的色彩。

写这部书的另一个目的，是为了感谢对我有过帮助的人，感恩所有的遇见……

止笔之时，提前感谢读者，谢谢所有关心、关注和帮助过我的人！

刘秀兰

2021年10月于北京

引子：木秀于林兰葳蕤

——记河北金融学院第三届师德标兵刘秀兰老师

在我校建校 60 周年的光辉历程中，刘秀兰老师见证了 34 个年轮，30 多年对于学校发展来说是短暂的，但刘老师为此付出的是青春年华和毕生精力。她以校为家、爱岗敬业，把事业看得比生命还要重；她为人师表、关爱学生、乐于助人，成为广大青年教师和学生的良师益友；她秉承“明德守信、求真尚行”的校训，品行兼优，开拓创新，以服务社会为己任。刘秀兰老师的这种“爱心永驻、无私奉献”的精神，充分展现出了最美老师的师德风貌。

在我校升为保定金融高等专科学校之初，刘老师是学校的团委书记，出自对金融专业的热爱和事业的追求，她放弃了所担任的行政职务，到西安脱产进修学习，毕业后毅然回到金融系，当了一名专职教师，教书育人成了她为之奋斗的目标。刘秀兰老师在城市金融教研室（后更名为国内金融教研室）主任岗位上工作了8年，主讲过银行信贷、货币资金流通与计划、商业银行经营管理、投资经济学、农村金融学等课程，同时担任过4届班主任。

一、班主任工作以德育人，教研室工作以行服人

在十多年的班主任生涯中，窗前月下、教室宿舍，与学生谈心、辅导功课，关心学生的生活，和同学们建立起了深厚的友谊。

1978年，在她带过的一个班里，有一位同学患了败血病，刘老师拿出了她的个人积蓄，帮这位同学住院医治，并日夜守护在身边。同时，还带头在班里组织捐款，为同学献出了一片爱心。另有一位学生得了肝炎，刘老师带他到市二医院、解放军252医院就医，住院期间无家人照顾，刘老师白天到医院给学生送饭，晚上陪这位同学学习聊天。至今，这位学生还常念老师的恩情，工作中奋发有为、锐意进取。

在一个初春的深夜，一阵急促的敲门声叫醒了刘老师，对方说我们学校的一个学生昏倒在了大街上。刘老师听后二话没说出了家门，当找到这位同学后，发现是喝多了酒。她找来三轮车，让另一位同学帮忙把晕倒在地的学生抬上车，两人一起护送回到了学校，一路上学生呕吐不止，弄得刘老师满身都是，回到家再也无法入睡。

现如今，刘老师带过的几届班长都是金融机构的处级以上

干部，有许多同学也都走上了领导岗位，成为学校的骄傲。

教研室是教学的基层单位，提高教学质量是教研室工作的首要任务。作为教研室主任的刘秀兰老师，与其他老师们一起，克服种种困难，圆满地完成了各项银行业务课程的教学任务。在分配教学工作时，一些难度大和教学地点条件差的函授站授课任务，刘老师总是留给自己，以自身的行动影响和带动着他人，在教研室的工作中起到了积极的表率作用。

银行业务课程是金融专业课程的重中之重，为了确保银行信贷、银行会计、银行信托、商业银行经营管理等银行业务课程的教学质量不断提升，刘老师经常带领大家一起开展教研活动，探讨解决授课中的重点、难点问题；结合当前金融改革新形势，不断充实教学内容，完善教材体系，改进教学方法；组织老师们深入银行业务部门，进行社会实践和调研，不断提高大家的业务素质和思想素质。

教材建设是教研室工作的重要组成部分，也是不断提高教学质量的保证。从 1992 年至 2003 年，刘老师主编和参与编写出版教材和教学参考书 15 部，为学校的金融实务课程建设和金融学科发展，起到了积极的促进作用。

二、为人师表、爱岗敬业，把工作看得比生命还重

20 世纪 90 年代，刘老师在三尺讲台上辛勤耕耘，承担了极其繁重的教学任务。在当时教师少、任务重的情况下，她白天晚上连续上课，省内省外四处奔波。1997—2001 年，刘老师的年均教学工作量高达 700 多课时，由于超负荷运转和工作上的压力，她两次住进医院。

2000 年 3 月，经医生诊断，刘秀兰老师得了乳腺癌，在手术的前两天，她还将数百份试卷搬到医院，利用检查的空隙评阅，医生、护士们见了都感叹不已。做完手术不到一个月，刘老师就返回学校上班，不久便去了秦皇岛，为农村信用社主任们授课。当时，有老师对她说："你不要命了，还上课！"的确，刘秀兰老师把工作看得比生命还要重。

在教学和科学研究工作中，刘老师忘我付出，身先士卒，取得了优异成绩。迄今为止，共发表学术论文 113 篇，出版专著和教材及工具书 22 部，主持和参与完成各类课题 42 项，有 2 项研究报告得到省政府领导签批，多项研究成果的观点被采纳，获各种优秀成果奖 33 项，并荣获保定市第四届拔尖人才荣誉称号。

三、不辱使命，做好教学督导，并注重理论研究

2000 年 7 月，刘老师被调到教务处工作，任学校专职教学督导员。教学督导在我校还属于初创阶段，为了不断提高学校教学督导管理水平，更好地做好管理育人工作，她不断进行深入细致的理论研究和实践探索，和同事们一起认真摸索规律、总结经验、建章立制，实施科学督导管理机制。尤其是对青年教师，她不仅仅例行对备课、教学、批改作业和试卷分析等环节检查，更提供指导和服务，帮助改进教学方法。在方式方法上注意传帮带，将自己多年的教学和管理的经验毫无保留地传授给青年教师，有效地促进了教学质量的提高。

为了提高教学督导水平，刘老师还就教学督导问题进行专题调研，在走访重点大学和学习借鉴国外经验的基础上，带领

教务处的老师们，撰写发表了题为“教学督导理论与实践”的论文，这项研究成果获河北省教学成果三等奖、河北省教育科学研究优秀成果三等奖、河北金融学院优秀教学成果一等奖等多个奖项。

学校升本以来，刘老师作为金融系、信息管理与工程系两个系的优秀教师团队成员之一，在完成教学和教学科研管理任务外，主持承担完成了10项省级课题，出版专著1部、发表核心期刊论文9篇，获河北省优秀成果奖3项、中国金融教育基金会优秀成果奖2项。其中，《河北省沿海经济隆起带发展对策研究》荣获第十二届河北省社会科学优秀科研成果二等奖，这是我校迄今为止所获得的科研成果最高奖项之一。

刘老师的上述业绩，既为金融系和信息管理与工程系的专业建设提供了支持，也为科技金融重点实验室申报和验收提供了有力支撑。

四、以校为家、关注社会，积极参与学科建设和政府决策

我校本科专业人才培养方案是升本的重要文件，在学校升本的最后冲刺阶段，刘老师承担着全校5个系的本科专业人才培养方案的修改工作。为了高质量按时完成这项任务，她不分昼夜加班加点，对金融、保险、管理、计算机与信息技术管理、国际经济贸易等8个专业的人才培养目标和培养方案进行了反复修改，并亲自负责完成了排版、校对和监制印刷工作。

在完成任务的最后一天，刘老师在设计排版工作室和印刷厂奋战了一昼夜，25个小时没吃没喝。深夜，工厂的车间里四处透风，她的手脚冻麻了，寒冷和饥饿交加，依然坚守岗位，

和工人们一起工作着。

学校顺利升本，但如何发展本科教育，对于新办本科院校来说依然是个新课题。刘老师出自对学校发展的责任感，承担了如何办好本科教育的研究课题，发表了题为“新升本院校如何办好本科教育”的论文。该成果获得河北省第十二届教育科学研究优秀成果二等奖。

为了活跃学术氛围，刘老师还针对我国金融及河北省经济发展工作的重点和难点问题，多次在全校及其他金融机构做学术报告，得到我校师生及社会同人、专家的一致好评。

作为一名大学教授，刘老师不仅关心学校发展和本专业的学科建设，更关心地方经济乃至整个经济社会的发展，以自己的研究成果为相关部门的决策提供理论支持。

2008 年，她所撰写的研究报告《金融支持沧州渤海新区建设中的问题与对策》，在河北省社科研究规划网站成果展示栏目发表后，引起省相关部门的高度重视。

2009 年 12 月 15 日，受河北省建设厅邀请，刘老师参加了由省政府主要领导亲自主持召开的专家座谈会，并作大会主题发言，所提意见和建议，得到了省政府领导的充分肯定。对此，《河北日报》、河北新闻网等多家媒体进行了宣传报道。

五、弘扬校园文化，指导社会实践，做学生的良师益友

学校作为培养人才的摇篮，离不开校园文化建设，刘老师一直是校园文化建设的积极参与者和倡导者。早在 20 世纪 80 年代，刘老师就组织学生创办团刊《星环》（由校团委主办），为弘扬校园文化提供载体。

20世纪90年代初，她常常带领学生走访老教师，为学校广播站撰写宣传稿件。1990年，与当时的在校生文洪武（现任中国人民银行石家庄中心支行副行长）一起积极参与“振兴金专”有奖征文活动，他们提交的论文《协调“教与学”关系，提高教学质量》获得了“振兴金专”有奖征文二等奖。

学校升本之后，刘老师结合学校党委中心工作，撰写了《构建以人为本、充满活力协调有序的校园文化》，获河北金融学院思想政治工作暨党建工作年会优秀论文奖。2010年所指导的大学生社会实践活动参赛论文获省级奖励。

2012年，刘老师又一次组织了跨系（金融系、经贸系）学生社会实践团队。她亲自带领小分队，走访了黄骅市人民政府、沧州渤海新区工业园区和一些居民社区，就当地民生及社会发展中的问题进行调研。其调研成果获得了河北省大学生社会实践活动论文比赛二等奖，小分队被评选为河北金融学院大学生社会实践优秀团队，刘老师也因此而获得了优秀带队指导教师荣誉称号。

六、二线不离岗，甘当人梯，继续为学校发展服务

刘老师退居二线后，并没有离开学校，她依然工作在教学和科研管理第一线。在产学研合作处工作，刘老师充分发挥自身优势，除了积极完成自身的研究任务和科研管理的日常工作外，还主动承担起全院的科研工作量统计和指导教师申报课题任务。

科研统计是一项非常烦琐的工作，而且涉及专业技术人员的切身利益，为了不出差错，刘老师对全院的科研成果细心统

计、反复核对，并且做到公平、公正和公开透明。在课题申报指导方面，主动帮助教师们选题和修改项目申请书。

刘老师还在全校范围内，举办了如何申报国家级课题的讲座，动员指导更多的教师参与课题申报，开展更高层次的学术研究。

在过去的34年中，刘秀兰老师爱岗敬业，干一行、爱一行、钻一行，处处严于律己，为人师表。数学基础课、金融专业课教学，是她不懈努力、辛勤耕耘的阵地；经济金融理论和教学研究、科研与教学管理，是她坚持奋斗、施展才华的领域；学生政治思想教育、指导毕业论文和社会实践活动、教学督导与质量监控，是她以身作则、率先垂范的舞台。

现在，刘秀兰老师虽然已经到了接近退休的年龄，但还一直保持着旺盛的工作状态，在教学、科研及其管理岗位上奉献光和热，为党和国家的教育事业和经济社会发展，做着应有的贡献。

河北金融学院党委宣传部

2012年12月

CONTENTS 目 录

第一部分 学习成长

第二部分　工作纪实

● 第三部分　生活点滴

第一部分

学习成长

gengyun rensheng
耕 | 耘 | 人 | 生

1966年·黄骅

童　趣

1954年，我出生在一个农民家庭，小时候在家里不爱说话，但有主见，胆子也大，做起事来从不愿跟大人商量。在具有一定文化底蕴和发展历史的大仁村这个生我养我的村庄，留下了许许多多往事记忆，回想起小时候的生活，别有一番童趣。

在村南不远处，有一块肥沃的黄土地，原先是我家祖上的田产。人民公社成立后，队里返还给父亲一亩左右作为自留地，我家的祖坟就在这块风水宝地上。这块地的东部有一排柳树，据说是大伯父小时候栽下的，树周围的马兰花和蒲公英到处可见，在这里可以赏花和乘凉。

小时候我经常一个人来到这里，偷着学习爬树，有时候爬到树枝上，冒着掉下来的危险到鸟巢里掏几个鸟蛋拿回家。

村的西南方大约一公里的地方，有一棵高大挺拔的白杨树，很远就能听到树叶哗啦哗啦的撞击声。小时候我也偶尔到那里练练腿脚和臂力，但爬不到三四米就没劲儿了，顺着树干滑落在地。通常情况我不会在这棵大树下待多久，因为树下杂草丛生，时不时会有蛇出没。过去，常听老人讲，蛇的身上有一种“磁场”，任何人突然发现它时，都会被吓得毛骨悚然。

在这棵大杨树的东北部，有三棵槐树，到了初夏，槐花散发着浓郁芳香。这股清香味，会吸引我带上布口袋，到这里采摘。爬到一棵最高的树上，首先采摘下最好的槐花放到嘴里，然后边吃边摘，不一会儿就将布口袋装满，拿回家交给母亲包饺子。

就这样，在上学之前我便学会了爬树。现如今，我还是特别喜欢这些高大挺拔的树，每当走在林荫路上时，流连忘返的心境会让我步伐放慢，充分感受高大的树木带来的气息。

1963 年发大水，父亲承包了村里的果园，我每天都穿过齐腰深的水，走过一段坑洼不平的路，来到位于村南的果园里看园子。果园里种的主要是梨树和葡萄，父亲不在的时候，我会爬到树上，摘下许多水果当饭吃。因为家里的饭都是粗粮和野菜，不但不好吃，而且还吃不饱，正好用园子里的水果充饥。

看果园的那段日子，是我童年最快乐的时光，整天吃着香甜的果子无忧无虑。由于当年雨水淹到了家门口，出门后便泡在水里玩耍，在水里游戏，好似穿过一条宽阔的河。

那片果园地势高，树下光光的，到了中午太阳照进来暖洋洋的，有时我会躺在树杈上，时而望着天空飘浮的白云，时而目光追逐着各种鸟儿的身影，梦想着将来的人生。

渐渐地我开始懂得为父母分忧。在那个水灾之年，田里收获的全是杂草和虫子。在炎热的夏日里，农田里有膝盖深的水，经太阳暴晒后，散发出臭臭的气味，熏得人喘不过气来，我站在地头，被臭水熏得脑仁疼，紧绷的神经似乎就要断裂。

此时，父亲站在泥水里，双手握住一把长杆镰刀，用力割倒一片片露出水面很高的杂草。我紧随其后，用一把叉子将这些草从水里挑出，放到高处晒干后，交到生产队过秤计工分。

白石山上的蒲公英

在我的童年记忆里，最感兴趣的是挖蒲公英。到了季节，金黄色的花朵覆盖大地，带着绒毛的蒲公英种子到处飞。我经常拿上一把挑菜刀，背上一只筐，来到遍地都是黄花的田野上，高高兴兴地将这些蒲公英从地里挖出来带回家，晒干后拿到县城里卖，将换来的钱交给母亲贴补家里的生活。有时还会留下两毛钱，等到春节前赶集时，给自己买两尺红头绳或绸子，到过年那天扎在小辫儿上。

小时候喜欢的蜀葵花

“女孩爱花，男孩爱炮”，这话一点儿不假。说我们女孩爱花，那真是如痴如醉。记得六七岁的时候，在我家居住的胡同里，有五六个岁数不相上下的好伙伴，我们每天中午都会集聚在一起，商量如何到老奶奶家里去要花。在当时，我的家乡人工种植的花只有这一种蜀葵花，村里人都叫它秫秸花，这种秫秸花也只有一位老奶奶家才有。

这家的老奶奶，曾经是位大家闺秀，她家的院子大，种着一大片秫秸花，吸引着一大群女孩子天天前来窥视。但是由于她家成分不好，经常是大门紧闭。

我们女孩子到她家要些花并不难，难的是谁去敲开她家的大门。大家想要花，但却都不愿上前敲门。这个艰巨的任务不知从什么时候开始落在了我身上，隔三差五我便去敲门要花。

“怎么又是你！”老奶奶打开一扇门不客气地对着我说，但花还是给的。她老人家掐下一大堆，兜在自己的衣襟里，拿出来分发给大家。我将这些蜀葵花小心翼翼地拿回家，放到盛满水的碗里养着。一有空我就给它换水，欣赏它的美丽和闻它的香气，嗅花带来的满足感就别提多高兴啦。

马兰是生长在我老家盐碱地上的一种野草，人们习惯叫它马莲。马兰开出的花是紫色的，看上去也非常漂亮，我特别喜欢。但在过去的农村并没有多少人去欣赏，人们更看重的是它的实用价值。

家乡的马兰花

马兰的叶可以用来当绳子，用于包粽子或编草席。从地里刨出的根，晾干去皮后捆绑起来刷锅洗碗用。所以马兰叶和根就成了一种商品，当地的老百姓把马兰的叶收割晒干，将根炮制了，卖给当地的供销合作社，换一些钱贴补家计。

我大哥上中学的学费就有一部分是用卖马兰根的钱支付的。那些年，每逢假期大哥就会带上我去南大港农场外婆家刨马兰根。天还没亮，我们就出发了，大哥骑上自行车带着我来到了宽阔的田野里。早起的鸟儿叽叽喳喳地叫着，野兔子时不时地蹿出来蹦来蹦去，有时候还能见到一两只白狐狸，在田埂上慢悠悠地走着。

透过朦胧的晨光远望，一大棵一大棵的马兰呈现在眼前。大哥用铁锨在马兰四周挖着，我用小铲刀刨去根部的软土，然后抓住马兰的叶子使劲儿地拔呀拔，猛地一下马兰根破土而出，将我重重地掀倒在地，掀起的泥土扬撒在脸上，弄得满身都是，似乎我成了刚从土里钻出来的。

带着刨来的马兰回到家，我们将它的根用剪刀剪下，晾晒到半干，然后一把一把地在石头上搓去外皮。去皮后的马兰根是乳白色的，看上去亮泽柔顺，还有些韧劲和硬度，再晒干后就可以拿到供销社换钱了。

搓马兰根虽说不用费很大的劲，但是伤害手掌皮肤的危险性很大，一不小心我的两只小手就会被石头戳破或是被马兰根扎破，流出鲜红鲜红的血，针扎一般的疼痛。但是，我绝不会因此而害怕和退却，更不会让大哥知道，因为大哥知道了会担心的。

上　学

1968年·黄骅

10岁那年，看着别人家的女孩儿背着书包去上学，我羡慕极了。嘴上不说，心里却对爷爷奶奶不支持我们女孩子读书非常不满。由于怕爷爷奶奶批评或引起老人不高兴，我们堂姐妹除了不去学校读书之外，还不敢跑到大街上和小伙伴们一起玩。可是，在那个年龄，我做梦都想上学和到处跑着玩。

爷爷奶奶受封建思想影响，家教非常严厉。我父亲兄弟五人都特别孝顺，就连我们这些孙子孙女也非常听话。奶奶对孙女们管教严格，我们堂姐妹12人，比我大的几位姐姐都不曾有过上学的想法，乖乖地待在家里做针线或下地干活儿。但到了我这，却天天想着去学校读书。

1964年夏天，奶奶去世了，这个“四房”一起生活的大家庭似乎失去了脊梁，无人再能够统领一切。爷爷也放松了对孙辈的管教。但是他老人家的威严，足以让我们不敢放心大胆地去学校读书。

有一天，家里来了一位不同寻常的客人，他就是当时的大队党支部书记范金亭同志。进了院子，书记直奔爷爷的房间，我心想，这肯定又是来慰问的。

爷爷是烈属，我三伯父早年参加革命任团政委，在抗日战争中不幸牺牲了。在我家的大门上方，一直镶着一块红色的牌子，上面写着“光荣烈属”几个金色的大字。每逢走到大门口，抬头看到这几个字，我也感到无比的光荣。爷爷奶奶对革命有贡献，大队和公社干部来慰问是常有的事。

我现在养的君子兰

那天，大队党支部书记来到我家找爷爷谈话，我从院子走过，无意当中听到了屋里的对话。书记说：“叔，让孙女们去上学吧，她们都过了上学的年龄，不能再耽搁了。”爷爷说：“老东西（指我奶奶）不在了，孩子们的事我不管，随她们的便。”

听到这话，我高兴极了，“这是允许我们上学了？”想到这，我情不自禁地蹦了几个高，高兴地喊：“我可以上学了！我要上学了！”随后急匆匆跑到了大娘家，想把这个好消息告诉给小我一岁的堂妹。到了她家，大娘却对我说：“你妹妹去上学啦。”“啊，她怎么不叫上我呀！”二话没说，我转身就往学校跑去。

来到学校院内，我扒着窗户，探着头往里看，一个教室挨着一个教室地寻找堂妹，所有的教室都瞧遍了，没有发现她的影子。这家伙躲到哪里去了呢？我焦急地四处张望，还是未能见到她，一个人垂头丧气地回了家。

当天下午，母亲为我缝制了一个小花书包，并给了我两毛钱。我拿着钱，到合作社买来两张纸、铅笔和小刀。回家后把纸折叠好裁开，用针线订了几个小本本，并将铅笔削好，等待着明天上学。

天渐渐黑了，家家户户的烟囱升起了炊烟，油灯下，我整理着上学所要带的东西，准备着明天去学校读书。这一夜好长好长，望着窗外的星星，想着学校的样子和教室里传出的琅琅读书声，以及我明天背着书包走在大街上的情景，越想越兴奋，越想越激动，怎么也睡不着。

鸡叫头遍，仿佛进入了梦乡，梦见我坐在教室的第一排，老师手把手教我写字，一字一句地带领着我读书……

“起床啦！”突然听到母亲的喊叫声，从梦中惊醒。对，今天我要上学，马上起床！

匆匆吃过早饭，我背起书包，第一个来到学校大门口，稀稀拉拉的小学生们也陆续来了。

学校黑红色的大门朝东开着，左边挂着一块竖条木板，上面写着“仁村完全小学”几个大字。大门两侧的墙头高高的，进了院子，南边和北边各有两个大教室，西侧有四五个教室，长方形的院落不大，整整齐齐很温馨。我要去的一年级，就在南边的第一个教室。

野菊花

当我端坐在教室里的时候，却发现并非梦中的情景，老师教的字我既会写又会认，算术题也都会做，根本用不着老师讲。

一个多月过去了，有一天老师

把我叫到办公室，她考了我几道算术题，让我写了几行字，之后对我说："根据你现在的基础，到二年级也能跟得上，你要愿意就直接去二年级吧。"我当然愿意，在这个班里我是年龄最大、个子最高的，和同学们玩不到一块儿，老师让我到二年级插班，我求之不得，当下就换了教室。

之后，二升三，三升四，学习成绩都非常好，每次考试不是第一名就是第二名。到了四年级，还是觉得自己比同学们年龄大，学习不费劲，何不向老师说说再蹦一级呢？有了这个想法，我就开始补习功课。

找不到教材，就把家中的书拿来一字一句地阅读。我家里存放了好多书，读书成了我学语文的方式，天天在煤油灯下看个不停。识字关就这样过了，剩下的数学也就好办多了，因为父亲是生产队的会计，算数张口就来，而且打了一手好算盘，教我不成问题。

那段时间，父亲每天在生产队记完工分回家，就教我算术。炕的中央放上一张小饭桌，父女俩相对而坐，他老人家掰着我的手指头教我打算盘、背口诀，就这样学了一个月，算术这一关也过了。当时，我不但学会了珠算，还学到了许多解题方法和思考问题的方式，为以后的学习奠定了基础。

新学期到来之际，我就向老师提出了蹦级的要求。但是，这次并不像以前从一年级到二年级那样简单，老师给我的答复是："要向学校领导汇报，经学校革委会研究批准才行。"

过了几日，老师通知我，可以到五年级去上课了，老师还告诉我，学校领导对此事非常重视，并说这是新生事物，应该支持和表彰。果不其然，第二天，学校召开全校师生大会，教务主任

1968 年的小学同学

在作报告时说："学生蹦级是我校涌现出的新生事物，学校坚决支持！"并号召全校同学向我学习。

听到这些话，我也感到无比自豪和光荣，决心好好学习、天天向上，不辜负学校领导和老师对我的期望。

我虽然上学晚，但不知从什么时候开始，成了包括男生在内的"孩子头"，经常领着男生钻窗户、跳墙头，即便是上课时间，只要我一个眼神儿，周围的同学都会领悟，跟着我一起行动。

记忆深刻的是一次"报复行动"，更确切地说，是欺负我们班的一个女生。

有一天，生产队里开大会，我班同学的大姐厉声斥责我父亲说："前些年我们连饭都吃不饱，你家却供应中学生（当时我大哥在县城里读高中），钱从哪里来的？是不是当会计贪污的？"听到这些话，我气不打一处来，心想，看看到学校我怎么收拾你妹妹！

这件事在我心中埋下了"复仇的种子"，过了几天，我想出了一个好办法，就是用当作课桌的木板砸她。

那个年代，教室里没有桌子，课桌是用一块三四米长的木板和砖垒的垛子搭建成的，木板随时可以掉下来砸到人。当时，我与包括那个女生在内的六位同学共同使用一条木板。

下课的时候，我悄悄地告诉其他几位同学，当我咳嗽一声向你们使眼色时，你们就把自己的书本和其他东西拿起来，身体往后靠。谈好了，瞅准时机，我干咳了一声，他们一起看我眼神儿行动，急忙拿起自己的东西，我也拿起书包，并顺手将木板使劲往下一拉，木板重重地砸在了那个同学的身上。她疼得直咧嘴、掉眼泪，却不敢告诉老师。

一次又一次的“报复”行动，解除了我的心头之恨。

后来长大了，我曾多次试图向她道个歉，但是都没有找到合适的机会，即便是有，也不好意思重提此事。至今，想起这事儿来，还觉得有点儿愧疚。

其实，我也是个非常懂事的孩子，从小就知道为父母分忧解难。家里的活儿，如挑水、扫院子、收拾房间，我基本上全包了，还经常把外面的小胡同打扫得干干净净。

1967 年的夏天老妹出生，从此看孩子的任务也落在了我的肩上。到了秋季开学，我就抱着老妹去学校上课。课上老妹坐在我的腿上一起听课，课下我把她放在地上一起玩耍。自习课的时候，我的老师刘玉娟姑姑会接过老妹，她给看着，让我集中精力完成作业……这样的小学生活，也许只有我才经历过。至今想起来，我都十分感激我的小学老师。

1974 年与大姐的合影及 1985 年的老妹

启　蒙

1969年·黄骅

小时候，我家里有很多小说，有四大名著，还有《林海雪原》《暴风骤雨》《太阳照在桑干河上》《铜墙铁壁》《武则天》《钢铁是怎样炼成的》《民间寓言故事》《雷雨》，等等，这些都是父亲常看的书。有时候还会增加一些新书，不知道父亲是从谁家借来的，但我知道父母养育我们兄弟姐妹六人不容易，家里没有闲钱买书。

父亲白天下地干活儿，晚上回家还要记账，核算生产队里的财务收支情况，没有更多的时间去看书。所以，家中的这些书就饱了我的眼福，当父亲不在家的时候，我就拿来阅读。一本发黄的《三字经》不知道读了多少遍，虽然没有人帮我解释其中的含义，单凭我自己的领会也能悟出一些道理。

有一天，我发现家里有一本短篇小说，封面呈橘、红、黑三种颜色，中间有一个人影挺胸抬头站立。从影像的轮廓可以看出，是一位现代女性。她侧身站立，一只胳膊略微向下倾斜平放，另一只则呈90多度弯曲举过头顶，双手张开，目视前方，短裙、皮鞋、长发，穿戴时髦大气，亭亭玉立。一副眼镜挎在胸前，饱含风霜，线条优雅而美丽的身姿，显示出女主人公的高昂气质和非凡人生。

女生的这种英姿，我还是第一次见到。

这本书的封面已经破损，但是，书名《一个苦女努力记》几个大字非常醒目。打开书的扉页，首先进入眼帘的是“少年优良读物”几个小字。

看到少年儿童读物我喜出望外，这才是我们小孩子可以看的书呀！于是，迫不及待地往后翻阅，浏览了几句却茫然不知所云，因为，书里全是些繁体字，有许多我不认识。不过，这本书的书名，足以让我好奇，就是猜也要猜出个大概。

深夜，在煤油灯下，我一字一句地读着，读了一遍又一遍，觉得很有意思，非常生动感人。尤其是女主人公的那种坚忍不拔的意志和勤奋好学的上进心，极大地感染了我，也使我从中了解到受教育女性的追求和思想境界。

书中的女主人公成了我心目中的偶像，有时候我还拿着这本书到外面炫耀，并把其中的故事讲给小伙伴们听。后来这本书不见了，也许是我拿出去没拿回来丢了，也许是老爸借给别人或归还给书的主人了。

《一个苦女努力记》这部小说叙述的内容大致是：女主人公大毛九岁时，由于家境贫寒，被父母卖给李先生家为婢女，而后，陪同这家二少爷读书，后来被李老爷认为义女，并随从二少爷求学直至高中毕业。在此期间，大毛受尽李太太的虐待，

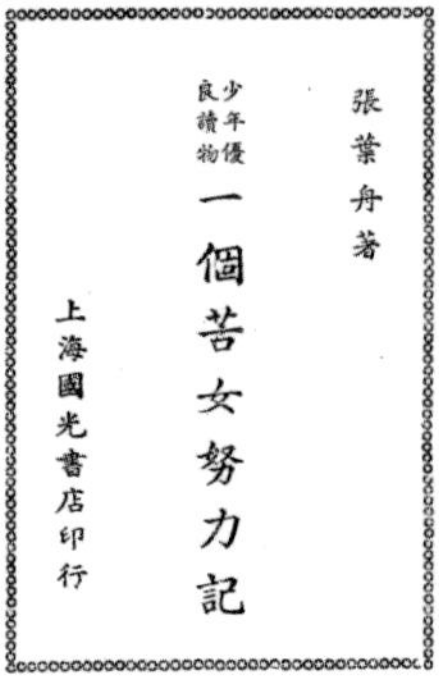

少年優良讀物

一個苦女努力記

張葉舟著

上海國光書店印行

一個苦女努力記

版權所有・不准翻印

全書一冊：實價（外埠酌加郵匯費）

著作者 張葉舟

發行人 顏聽濤

印刷者 國光書店

出版者 國光書店

經售處 國內外各大書局

總發行所 上海山東路一二八號 國光書店

中華民國三十八年二月再版

在苦不堪言的环境中，她奋发努力、品学兼优，在历次考试中都得第一，凭着优异的成绩完成了高中学业。在毕业典礼上，李老爷将其卖身契还给了大毛，并公开了她的身世，获取自由的大毛被报刊宣传，传为佳话。

正当大毛为是否继续上大学犹豫时，接到了一封来自上海冯太太的来信，冯太太愿认大毛为继女，负担她上大学的全部费用，并以万贯家产相赠。

暑期，大毛来到上海与冯太太母女相认。冯太太十分关心大毛的婚事，催促她早日完婚也好继承她的家产。大毛与李家二少爷志趣相投，早已私定终身，冯太太得知此事非常高兴，并替他们筹办了订婚仪式。二人大学毕业后，冯太太又为他们操办了婚礼，送往海外留学。

三年后，大毛夫妇学成归来，从事国民教育事业。冯太太也深得大毛的感化，准许将她的巨款用于创办学校、医院和各种社会福利事业，芳名远扬。大毛用冯太太的资金施展才华，服务国民，对社会做出了巨大贡献，获得了美国芝加哥大学授予的荣誉社会教育博士学位。

这本书故事情节曲折，主人公道路坎坷，奋发有为，对我产生了深刻的影响。

当时，我已经阅读过一些书，明白了做人的简单道理，同时，向往着未来有一个美好的人生，也曾考虑过自己的前途在哪里，但没人能告诉我。读了这本书后，我告诉自己：命运完全可以依靠自己的努力去改变，通过奋斗去创造属于自己的一片天地。尽管我还不知道自己的这片天地在哪里，但却知道努力读书学习是唯一的途径。

一个苦婢女都能做到事业的顶峰，何况我们这些生在新社会、长在红旗下的青少年呢！更应该有志向和有所作为。从那时起，便给自己制定了一个目标，将来一定寻找为社会服务的机会和不断发展完善自我的方向。

这本短篇小说是上海国光书店印制发行的，小时候读过数遍后，再也没见到它。上大学和参加工作以后，我查遍了走过的所有图书馆都没有找到。

1991 年，从我的一位学生那里得知，他父亲是保定市图书馆馆长，便委托其查找，结果也没有找到。近些年网络发达了，我上网反复查寻，也未能发现。一个偶然的机会，与在中国农业大学图书馆工作的外甥女左文革谈起此事，她主动答应帮忙查找。

左文革在中国农业大学工作多年，前不久邀请我到她们学校的图书馆参观，这座现代化的图书馆让我震撼，琳琅满目的书籍更是吸引了我的目光。望着电子屏幕上列出的新书目，我不知怎么就想起了小时候看过的那本小说。心想，这里面会不会有那本《一个苦女努力

2020 年与左文革在中国农业大学

记》呢？于是，我向文革谈起了小时候看书的经历，并提到了这本书。

“您怎么不早说呢！”文革听后埋怨我说，“这本书肯定是解放前出版的，因为是普通读物，很有可能不会再版或馆藏，您不必着急，若我们图书馆没有，我再慢慢想办法。”

其实，随着时间的推移，我对得到这本书已不抱什么希望了，只是小时候看过，留下的印象深刻，它对我产生过启蒙，所以还是希望能再次见到它。没过几天，好消息传来，外甥女左文革告诉我，找到了电子版。她从微信中转发给了我。

在手机上看电子书更方便，打开文件，清晰的封面出现在眼前。没错！就是我要找的那本少年读物。扉页上的文字竖着排列，上方两列小字：少年优良读物，下方正中间一列大字：一个苦女努力记，右上角是作者的姓名，左下角是印制发行商。再看正文，字迹有些模糊，很有可能是因为原书陈旧或者是扫描技术落后的缘故。

我仔仔细细地读了两遍，仍感觉具有现实意义。于是，便将我苦苦寻找了半个世纪的这本书打印装订，使它恢复了原貌。

中学时期

1971 年 · 黄骅

在我上小学和初中期间，农村中小学教育体制变化较大，小学从六年制改为五年制，初、高中各从三年制改为两年制，县办高中下放到社办，这些我都经历过。

1968 年新学年开始，我家驻地仁村公社的仁村中学成立，开始招收初一学生。由于当年小学改制，六年制改为五年制，所以，初一的生源一部分来自六年级，另一部分从五年级挑选。我是从五年级选上的，与同学们共同组成了这个初中班。

开始班里女生不算少，大约占到全班同学的三分之一，可是过了一段时间，一个接着一个地退学，送走了我最要好的朋友魏红彩，班里只剩下了包括我在内的两名女生。

本村没有女同学做伴儿，实在是没意思，特别是上体育课的时候，因为学校没有操场，要到生产队的场里去上课。在没有任何遮挡的场地上，我站在一大群男生中间，被家里人和过往的乡亲们瞅着，那种场面就别提有多难为情了。这个学实在是难以坚持上下去，没等拿到毕业证我也退学了，并决定不再读高中。

暑期很快就过去了，看到男同学们纷纷回学校读高中，我心里像长了草似的，整天满脑子都是学校的场景。难道我就这

1968年与张秀丽（左一）、魏红彩（中）同学的合影

样与学校无缘了吗？我开始后悔自己的选择。

我喜欢读书，也喜欢上学，可是随着年龄的增长，要是真的让我在全部都是男生的班里读书，又有些不情愿。在那个年代，抛开女孩子不愿上学不说，读书无用也的确是现实，尤其是女孩子，读不读高中没什么两样。

正当我在矛盾中焦虑的时候，一位不远的堂姐也就是我初中的老师刘秀清来到家里，她给我送来了初中毕业证书，并劝说我的父母，让我接着读高中。除了这位堂姐劝我继续读书之外，促成我上高中的，还有我唯一的女同学张秀丽。

张秀丽是邻村的，我俩从小学一起读书，也是我最好的朋友。因为学校驻地在我们村，所以她每天都得带饭到学校，中午没地方休息，我会经常约她到家里玩。我们两家有老亲，论辈分，她叫我表姑，按年龄，我小她两岁，但我成熟要比她晚得多。

上初中的时候，张秀丽经常会把针线活儿带到学校，利用中午休息时间纳鞋底或织毛衣，而我总是和男孩子们一起到处跑着玩，或是自己到村西头的深水坑里去游泳。游泳的事只有张秀丽知道，我经常提醒她，不准把这事儿告诉我的家里人。

到了初二，班里的女生接二连三地辍学，如果不是考虑到和张秀丽做伴儿，我也早和本村的其他女生一样退学了。

张秀丽是她家最小的女孩，她的家里人都宠着哄着她上学，可是我就不同了，哥哥姐姐弟弟妹妹一大帮，父母的经济负担很重，只有大姐和父亲挣工分支撑着这个家，所以再继续读高中已不太现实。

1976 年与张秀丽同学的合影

另外，因为张秀丽不是我们村的，除了同学、老师之外没有多少人认识她，上体育课的时候，我遇到的那种尴尬场面她是体会不到的。因为我在本村上学，每逢到生产队的场里上体育课，村里人看我和男生在一起蹦蹦跳跳的眼神儿都不对，并窃窃私语，不知道在讲些什么。因此，我才做出不再继续上学的决定。

当时，学校已经开学，仁村中学首届高中班新生报到后，只有张秀丽一名女生。为了给自己找个伴儿，她每天放学之后都跑到我家里，劝说我跟她一块儿回学校读书。

父亲有文化不会反对我读书，只是迫于生活压力不吭声；母亲是个明白人，也不反对我继续上学，而是因为没有女孩子做伴儿有些不放心。说到底，读不读高中，最终还是取决于我自己。

事实上，我是非常喜欢读书的，只是觉得女生少，碍于脸面，不得不离开学校。

在堂姐的再三劝说下，以及张秀丽同学的央求下，我终于返回学校，继续上高中。

这一天，我和张秀丽同学一起来到了仁村中学，走进高中一年级教室，这里的一切并不陌生，只是拿起了新书本。从此，开始了两年的高中学习生活。

我们这一代中学生，在一定意义上来说也是幸运的。当时，初中升高中没有考试，每一名应届初中毕业生都可以直接升入高中，而且也完全是义务教育，不需要花家里一分钱。如果不是这一政策，或许我就上不起学，读不到高中毕业。

高中时期，老师经常组织我们勤工俭学，帮助解决购买书本和教学用具费用问题，因此，没有给家里造成任何经济负担。

1970 年以后，我国的教育发展逐步走向了正规，我们在高中阶段系统地学习了数学、语文、化学、物理等课程。

虽然说我们是第一届社办高中班，但是学校的师资力量是很强的，所有任课老师都是“文革”前的名牌大学毕业生。有的老师是直接分配来的城市大学生，有的是大学毕业后来农村支教的，有的则是有着丰富教学经验的老大学生。

老师们在艰苦的环境中忘我地工作，把自己的才华和青春，献给了农村的教育事业。我们的老师不但课讲得好，而且对学生的要求也相当严格。

2021 年邹书绵（前右）老师全家福

刘德新老师，除了担任体育老师之外，还讲化学课，并担任我们的班主任。刘老师教书育人，治学严谨，我们许多同学都怕他。

教数学课的魏向前老师，微积分讲得非常棒，板书整洁、书写规范，画的数学符号和各种图形尤其漂亮。由于老师讲得好，同学们对微积分都十分感兴趣，学习积极性也很高。

邹书绵老师为人细致、和蔼可亲，各种艺术大字笔走龙蛇，公社和大队墙上的标语口号，都是我们邹老师受领导委托而写的。中学时期以及后来的许多年里，我经常看到邹老师在炎炎的烈日下或者是寒冷的冬天里，左手提着盛墨汁的小桶，右手挥动着大楷毛笔，弯着腰往墙上书写大字。我一边欣赏着老师的艺术大字，一边自言自语："他——就是人类灵魂的工程师！"

仁村中学是新建学校，各种设施都不完善，连基本的操场都没有，老师和同学们就利用体育课和放学后的时间，平整土地垫操场。班主任刘德新老师当时说的一句话，至今我还记忆犹新。他在一次带领我们劳动中，一边撒土一边说："我们应该感到自豪，因为这里的第一锨土是我们垫的。"后来，我每逢走到仁村中学附近，总是骄傲地重复着老师的这句话："这里的第一锨土是我们垫的！"

操场建好了，篮球架、单双杠没钱买，老师就组织我们打草卖钱，自己买材料做。每天早上去上学的时候，同学们都挑着两筐自己起大早割来的青草交到学校，老师们帮着晒干卖掉，换来钱买教学设备和书本。

还有一件勤工俭学与教学相结合的事，我至今不知道是哪位老师想出来的好主意。当年，在离学校不远的地方，有一条干枯的河，河的一小段堤坝上镶嵌着一些不大不小的石头。这些石头肯定是没有用了，老师就带着我们来到这里，撬开水泥，

1972年和张秀丽与仁村中学第二届高中班女生的合影

将一块块石头取出装进筐里，抬回学校。

不知道老师在石头堆上放了些什么神秘东西，点燃后将石头烧得啪啪作响，随后浇上水，冒出浓浓青烟。待到烟雾散去，一大堆灰色的石头变成了雪白的粉末，我们用这些粉末粉刷墙壁，把教室装饰得焕然一新。

由于我的家乡是平原，同学们都没见过山，更不知道石头的化学反应和诸多用途。学校没有实验室，老师们经常带我们现场教学，让我们亲身体验，这次，老师就让我们亲眼见证了物质的物理变化条件和过程。

在学习过程中，有时老师会把课堂搬到现场，让我们在劳动中收获知识，在学习中享受快乐，度过最难忘的高中生活。

高中两年，让我感受最深的是“女生二人世界”。

我们班只有我和张秀丽两个女生，我俩坐在最南边靠窗户的第一桌。她性情温柔、胆小聪慧，我性格开朗、敢想敢为。两个女生本是弱势群体，她因为性格问题经常受到冷落或取笑，坐在我俩后面的一个男同学，就经常逗哭我的这位同桌。然而，我的胆子大，一身男孩子气，没有人敢欺负我。就因为这，许多同学和老师都说我是个“假小子”。

有一次，老师讲拖拉机构造原理，把我们带到了场地上，不知道老师从哪里搞来一台教练机，进行现场示范教学，老师讲完机械构造和性能之后说："谁上去开开试试？"老师的话音刚落，我一个箭步跳上了拖拉机的驾驶台，加足马力横冲直撞地转了起来，那些男生都看傻了眼，直到老师对着我大声喊："停车！快停车！"我才松开手脚，跳下了拖拉机。

好爽！以后我要当个女拖拉机手！心中得意地想着。

高一下半年，我勤奋好学，学习成绩不错，老师和同学们对我也很好，班委会选举时，我以绝对高票数当选。班主任老师分工之前，我猜想着自己该当个副班长，可是当老师宣布分工时，却出乎我的意料，让我担任体育委员。

1971 年与参加沧州地区中学生运动会的好友合影留念

班里有四十多个男生，个个都比我个子高、力气大，我能指挥得了他们吗？当我和班主任老师交换意见时，老师毫不客气地对我说："你没去试，怎么会知道胜任不了呢？有我呢，没问题！"

1969 年与初中同学合影

从那以后，我就在体育课老师的指导下，每天学着解放军的样子，带领着同学们列队、跑步、做操。"立正，稍息，向前看，左转，右转，跑步走……"各种口令喊得铿锵有力，同学们步调一致听指挥。实践证明，我这个女体委的确不比男生差，完全称得上是一名体育健儿。

每天上午上课之前，我都会带着队伍围着操场跑圈，热身之后同学们再回教室上课。上体育课的时候，首先集合队伍跑步，然后带队来到老师跟前，我入列；下课时，再从老师那里接过队伍，宣布解散。

在仁村中学的操场上，我带领的学生队伍成了一道亮丽的风景，周边和过路的村民经常站在一旁观看。

这里有必要说明：当时，仁村中学已经搬到了离我家不远的后店子村。在后店子，除了老师和同学认识我之外，其他人都不认识，所以我再无顾虑，可以放心大胆地领着同学们跑步、做操，任凭过路人观看，而且越是有人看，我的嗓门越大，同学们跑得越带劲儿。

当好体育委员，首先自身素质要过硬。高中阶段，我曾在全县中学生运动会上夺冠，也曾被选拔为县级运动员，代表黄骅县中学生参加地区运动会比赛。高中毕业以后，我还参加了一次黄骅县的全民运动会。这也可能就是班主任老师看好我当这个体育委员的主要原因吧。

迄今为止，我依然保持着良好的心态和坚持锻炼的习惯，而且身体功底依然很好，这和当年担任体育委员时受到的锻炼不无关系。

1972 年年底，因为班里有几个同学应征入伍，我们提前照了毕业照。去往县城照相那天，我穿着自认为最时尚的一双洗白了的球鞋，一件褪了色的自制女款军上衣，在通往县城的路上，兴高采烈。

1972 年高中毕业照

还记得那天阳光明媚，我骑着自行车驮着张秀丽一路飞奔，与男同学们比速度，不一会儿就把他们甩在了后面……

可是，当毕业照拿到手上时，我却茫然了，看着正中间围坐在校长身边的三位穿着崭新军装的男同学，只恨自己为什么不是男生，因为我也想当兵。然而在农村，只有男生才有当兵的资格。

当一名解放军战士，曾经是我中学时期的梦想，虽然这只是个梦想，但它足以激励我奋斗了整个青年时代。

回乡务农

1973年·沧州

18岁那年，我高中毕业了，回乡务农是唯一的选择。读初二和高中的那几年，因为班里只有两个女生，天天在男生群里学习的我，养成了男孩的性格，同时也在学校的操场上练就了一身好本领。所以，回到生产队劳动有使不完的力气，一般男劳力干的活儿我都能干。

一个夏收季节，生产队的打麦场上热火朝天。正在忙着打轧小麦的社员们，每个人的脸上都洋溢着丰收的喜悦，他们有说有笑地忙碌着。社员们有的在翻场晾晒，有的牵着拉着石头碾子的毛驴转圈碾轧，还有的在光滑的场地上扬撒，借助风力将麦皮和破碎的秸秆吹去。经过上述一系列工序，干净飘香的大堆麦粒呈现在人们面前。

此时，我正站在麦堆旁，和其他几个社员一起将干净的麦粒装进口袋，装满了扎好口再扛到指定地点。一口袋小麦一百三四十斤重，我双手一托就能举过头顶，放到肩上扛着走路，不摇不晃，大步流星。就这样，一天跑来跑去，从不觉得劳累，晚上收工回家，还要忙着写新闻稿，为公社广播站和大队宣传墙报提供稿件。

自从高中毕业，我就被公社广播站聘为业余通讯员，经常为广播站投稿。在写作过程中，除了选择一些抢收抢种的题材外，还写一些人物报道，比如，写过我们生产队队长刘志合——《我们的好队长》；写过和我一起参加生产队劳动的伙伴刘玉珍——《铁姑娘》，这些文章都在公社广播站播出过。

每天晚上，我都注意收听村委会的大喇叭里传出来的公社广播员读的新闻广播，每当听到自己写的专题报道或其他文章时，总会激动片刻，心底里有一种自我价值实现的满足感。能为村里人做点事，我打心眼儿里高兴。

有一天，我意外地收到了《沧州日报》邮来的一封厚厚的信，打开一看，是一张报纸和一个精致的笔记本，还有一张聘书。报纸上面刊登着我写的《铁姑娘》。

见到“铁姑娘”这三个大字，我精神振奋，把文章从头至尾读了一遍。没错，就是我写的，一个字都不错！那张盖着“沧州日报”大红印章的聘书，上面写着聘任我为该报社业余通讯员。望着这些东西，我再一次感到了人生价值所在。

“铁姑娘”刘玉珍比我大两岁，按辈分我应该叫她姑姑，小时候我俩曾经在一块儿读过书，后来她辍学回生产队干活了。现在我也回到了队里，我们俩天天在一起劳动，成了最要好的伙伴。

每天中午下地干活之前，我们先到玉珍姑姑家集合，喝足玉珍妈妈为我们熬好的高粱米汤。据说喝了高粱米汤，出汗以后不再口渴。玉珍妈妈是位小脚老太太，高高的个子，慈眉善目，为人和蔼可亲。她老人家每天中午都为大家熬一大锅高粱米汤，不辞辛劳地为第五生产队下地干活的社员们忙碌着。出工前，大家在她家的院子里，你一碗、我一碗，分享着爽口解暑的美味。

玉珍姑姑的长相非常像她妈妈，所不同的是姑姑力大无比，一般男劳力都不如她。在生产队劳动休息时，常有男同志与她比掰手腕，但是很少有人能赢她。更可贵的是，姑姑肯吃苦受累，从不计较个人得失，经常和男壮劳力干一样的活儿，却拿着比他们低的工分。为此，我也曾写文章呼吁过男女同工同酬问题。

不过，社员们给玉珍姑姑评出的工分是妇女中最高的。她也从不计较这些，劳动中脏活儿累活儿抢着干，人缘也特别好，队里的社员都喜欢和她开玩笑。后来，她被评为了第五生产队的妇女队长。

玉珍姑姑对我的帮助也很大，由于我一直上学读书，生产队里的许多活儿开始都不会干，她就热情、耐心地教我。

在20世纪70年代，修河挖渠是常有的事，每逢冬季到来，公社都会组织劳动力出工修河，挖渠则是本村的事，由大队统一组织。不管到哪里出工，我与玉珍姑姑总是抬一副抬筐，成了最佳搭档。

用筐抬土，既需要力气也必须掌握技巧，如果不会用力或两个人配合得不好，步子迈得不齐，走起路来就会东倒西歪，非常吃力。这种抬土的简单活儿，刚开始我也不会干，没有人愿意和我搭伴儿。玉珍姑姑发现后，就主动手把手地教我、带我，帮我学会了如何抬着百十来斤重的担子走路。后来，我们俩成了一对抬土健将。

在生产队参加集体劳动的日子是非常快乐的，大家天天聚在一起，在劳动中唱歌、说笑话、讲故事、猜谜语，其乐

2012 年在老家的水坑边留念

融融。

最让我难忘的是，社员们在田间地头一起吃饭的情景。由于每个生产队都有一些离村庄比较远的土地，每当到这些远处的庄稼地里干活儿时，中午都要有人送饭。头一天晚上，生产队长会告诉大家，通知家里人明天提前准备好饭菜，并派一名社员送饭。次日，送饭的人熬上一锅绿豆汤，收集好各家的饭菜，推车或挑担送往指定地点。

快到晌午的时候，大家都饿了，纷纷盼着送饭的到来，不停地抬起头，朝村里的方向张望着……

送饭的人来了，不用队长发话，社员们立即放下手中的锄头或其他劳动工具，找一块光洁或阴凉的地方，解开自家的饭包，你闻闻，他看看，相互品尝各家的饭菜，有些人还借机炫耀自己的老婆会做饭。

吃完饭以后，一般情况下，男社员躺在地上睡一小觉，女同志则搞一点“小自由”，打些野菜或青草带回家。

到了晚上，大家不约而同地来到生产队，一是记工分，二是听队长分配明天的活儿，三是大家坐在一起商量队长提出的其他事宜。如果是秋收季节，还有可能煮上一大锅嫩玉米，大家坐在一起边啃边说，其乐融融。

这种生活，很快就把我浮躁的心给征服了。其实在当时，我的生活很充实，白天下地干活儿，晚上除了习作外，更多的时候是参加民兵连组织的政治学习和军事训练。

有一段时间备战形势严峻，民兵天天训练如何端枪、瞄准、射击和匍匐前进等。这方面我的悟性很高，一学就会，而且动作做得十分规范，匍匐前进的速度比任何人都快。民兵连长发现了我的特长，就让大家跟我学，后来连长把我推荐到公社，参加武装部统一组织的民兵训练和实战演习。

在公社武装部举办的培训班里，我把参加县运动会时夺冠的成绩再次发挥了出来，让大家刮目相看，领导也因此批准我参加实弹投掷。当时，我是唯一有资格参加实弹（手榴弹）投掷的女民兵代表。然而，公社武装部最终还是考虑到安全问题，把这项活动取消了。

1974 年初春的一个傍晚，大队喇叭里又和往常一样，响起了党支书的声音，“通知：晚饭后全体党团员和生产队长到大队部开会，由公社来人传达上级文件。”当晚，我作为共青团员，到场参加了会议。

会议内容大致是：按照上级要求，各村都要配备 25 岁以下的党支部副书记，各生产队明晚组织全体社员推举本队的人选，条件有两个，一是不超过 25 周岁，二是初中以上文化程度。

次日，经过我家所在的第五生产队全体社员评议，我被推荐了上去。没过几天，一位大队干部到我们五队组织召开全体社员会议，要求采取无记名投票的方式，选举本村 25 岁以下的青年干部，并提供了包括我在内的三名候选人。

拿着生产队长下发的纸和笔，我心里并没有多大波动，也没想到自己有可能当选，毫不犹豫地投了他人一票。

又过了几天，大队党支部书记范金亭同志找我谈话，问我想不想入党。入党——是我梦寐以求的事，自从加入共青团那天开始，我就想加入中国共产党组织，但总觉得自己不够条件，不敢递交入党申请书。

老书记听完我的话，说：“你就写吧，写好了交给我，自己再找个入党介绍人。”于是，我找了本队队长刘志合大伯，在他的介绍下，经公社党委研究批准，1974 年 4 月 3 日，我光荣地加入了中国共产党，并且被确定为大队党支部副书记人选。

1974 年与大仁村五队的伙伴们合影

1974 年担任村干部的工作照

1974 年 4 月 4 日，一个难忘的夜晚，群星闪烁，大队部的灯光亮着，一面红旗挂在墙上，面对鲜红的党旗我举起了右手，向党宣誓：“我志愿加入中国共产党……”此时此刻，我心潮澎湃，激动地流下了幸福的热泪。

数天后，大队党支部补选我为支部成员，然后分工担任党支部副书记。从此，在生我养我的这块土地上，我肩负起了新的责任和使命。

在青春燃烧的岁月，我付出了汗水，得到了家乡父老乡亲的抬爱。1975 年 10 月，在担任了一年半的大队党支部副书记之后，经过大队和公社两级推荐，并参加了简单的面试和笔试，我荣幸地走进河北省的最高学府——河北大学，成了一名工农兵大学生。

2016 年家乡的收获场景

村干部

1974 年 · 黄骅

先来看我穿的这件制服，它是我当村干部时最喜欢穿的一件衣服。虽然领口已经破损，军绿色也在阳光的照射下早已经褪去，但衣领的背面是我自己钩织的纯白色花边内衬。这种搭配和款式的上衣是我青年时期的最爱，一件男款和一件女款军装式上衣成了我“村干部身份”的象征。

我们那一代的村干部没有工资，没有福利。外出开会以及在生产队里劳动，都和社员一样挣工分，晚上开会或处理工作，也从来没有加班工分一说。

我作为大队党支部副书记，也算得上一介村干部。在当村干部的日子里，什么样的农活儿都干过，也处理过许多棘手的事情和矛盾纠纷，公社领导和村民都十分信任我。

1975 年与仁村公社村干部合影

农村抢收抢种莫过于三夏，其中夏收是最忙的，与时间赛跑，向老天爷要粮，是重中之重。如果小麦不能及时收割、打轧、晾晒入库，遇到突如其来的狂风暴雨天气，会蒙受巨大损失。农民大半年的辛苦和种子、化肥白费不说，甚至种地人还要吃国家的返销粮。

夏收时，生产队里最热闹的场面是在打麦场上。社员们分工协作，有的忙着翻晒小麦；有的一手牵着拉石头碾子的毛驴，另一只手拿着鞭子吆喝着转圈碾轧小麦；还有的两个人配合，其中一个人把经过碾轧混合在一起的麦粒和脱落的麦皮，用一把大木掀高高扬撒，借助风力把麦皮吹掉，另外一个人则半蹲在下风口，用一把大扫帚轻轻拨去浮在麦堆表面的麦秸。之后，呈现在人们面前的则是散发着清香味的麦粒，再经过阳光暴晒，就可以装袋入库了。

那天，我的任务就是和其他几个人一起，把晒干的麦粒装入口袋，然后装上大车，一路护送前往公社交公粮。

当年，生产队交公粮的计划额度，是根据年景好坏事先估算的，社员的口粮按人口平均分配，国家规定每人每天 1 斤 1 两，所收的粮食留足种子和口粮，剩余部分全部交公粮。公粮按国家规定的价格收购，小麦每斤 0.186 元，玉米每斤 0.11 元。

我们来到交粮地点后，先是例行检查，这一关绝对没问题，因为生产队收获小麦以后，都是在第一时间将最好的交公粮的，在基本上完成了上交公粮任务以后，社员们才拿着自家的口袋，到生产队的场上分麦子。

1974 年与参加培训的仁村公社村干部的合影

检查顺利通过，有生产队的会计跟着称重、记账、结账，不会出现错误和打白条现象。

农民纯朴，村里的大事小事一般都得由大队干部出面协助处理。在大队党政班子里，我分管民兵连、团支部、妇联、计划生育，还有学校管理工作，兼任仁村完全小学管委会主任。

当这个完小主任，让我感触颇深的是调解老师之间的矛盾。当时，学校里有两位老师积怨很深，教学工作受到影响，为了消除她们俩之间的隔阂，我多次来到学校调解，通过谈心说和，帮助她们从自身角度认识问题。学校校长也主动找我说明情况，并做一些耐心细致的思想工作。在我们的共同努力下，这两位老师终于化解了矛盾，能够坐在一起学习谈心，共同研究教学中的问题。

在担任小学管委会主任期间，我也时常找机会到学校履行职责，讲一些思想政治教育方面的内容。

公平公正、秉公办事，是我们当村干部的工作准则。1974年，公社分配给大队一个推荐上大学的指标，有两位刘氏姐妹报了名，一位是学习毛主席著作积极分子，一直在城里工作；另一位是深受学校老师、同学以及村民欢迎的民办教师，在本村教学。两个人的条件都不错，推荐谁去上大学成了难题。

老书记派我到生产队征求群众意见，我来到乡亲们中间说明情况，调查的结果是，绝大多数人举荐那位民办教师。最后，经村委会讨论一致同意，决定送民办教师去上大学。

后来听说，有人为推荐上大学的事，把我们告到了县里。这事儿我根本没往心里去，因为推荐民办教师上大学是民意，我们的做法没有任何问题。

被推荐上大学的民办教师，就是后来在河北农业大学校办室工作多年，威望一直很高的刘秀平主任。

积极为大队青年争取当兵的机会，也是我的分内工作。由于我们村基本是单姓刘氏大家族，老老少少都以辈分称呼。1975 年，在大队送出的参军青年中，有两位着实让我花费了一番心思。其中一位是叔叔，另一位是弟弟，都是刘家子弟，都有特殊情况需要照顾，但是他俩的条件都不够充分。叔叔因为刚刚超出入伍的年龄不符合条件，弟弟则因为个子矮，接兵的同志拒绝接收。

为了让他们俩当年都能入伍，我费尽了心机和口舌，一次又一次跑到公社武装部，请求部队接兵的同志把他们收下。那位叔叔还好办一些，因为他的各方面条件都很好，只是年龄略大了一点，经过考察后被批准了。临走的那天，我代表大队领导去送他，留下了下面这张合影。

再说那位弟弟，因为他母亲去世早，跟着父亲生活非常不容易，穿衣吃饭都成问题，如果能去部队自然是好事。可是，由于他个子矮，岁数也小，外表就像个孩子，部队的同志说什么也不想要，这让我着实为了难。没办法，只好托公社武装部的领导去说情，最后接兵的同志终于被打动了，同意带他走。

1975 年和公社干部与应征入伍及接新兵的同志合影

当年，送新兵都是由家长或亲

兄弟与公社大队干部一起，送到县武装部，然后换上军装将衣服拿回家。应征入伍弟弟的父亲由于年迈不便出远门，就委托我替他为儿子送行。

那天晚上，当我从县城赶回，把换下的衣服送到他家里时，弟弟的父亲激动得老泪纵横。我清楚地知道，这泪水里包含着老人家的心酸和对儿子的牵挂。

当好村干部，除了无私无畏，还必须机智勇敢、胆大心细。

有一天早上，刚收工回家，在我们村蹲点的公社文教室刘主任急匆匆找到我说：“你们村的一个年轻人，赶着大车在公路上出事了，驾车的牛失前蹄，跪倒在地，将赶车的人压在底下，马上派人去看看。”听罢，饭没顾上吃，我骑上自行车来到了出事地点。

扒开围观的人群望去，果真是我们村的一位兄长。此时，这位兄长已经被过路人救出，我上前观察，似乎已经停止了呼吸。

怎么办？急中生智，我转身跑到公路中间，张开双臂，截住一辆拖拉机，吩咐众人将伤者抬上车，“快，送县医院！”我也上了拖拉机，一路护送来到县医院。虽经医生尽力抢救，还是无力回天，随后，将这一噩耗告知大队和他的家人。

当天下午，待亲属们散去，我又帮着在医院办理完所有的手续，赶了20里的夜路回到村里，已经是晚上10点多了。我推着自行车，走在漆黑一片、伸手不见五指的小胡同里，耳边响起了凄惨的哭声。顺着哭声来到了死者家中，我也情不自禁地跟着落泪，强忍着悲痛，劝说其家人节哀顺变。当我拖着疲惫的身体走出小胡同时，公鸡已开始打鸣。这一天，没吃没喝往返跑了 50 多里路，处理了这么一桩大事，对于我一个 20 岁的姑娘来说，的确需要机智勇敢。

在当村干部的日子里，我该担当的担当，该付出的付出，没有辜负乡亲们的希望。由于尽心尽力、扎扎实实开展工作，得到了大仁村大队干部群众的拥戴和上级领导的充分肯定。

1975 年秋季到来，公社广播喇叭里传出了推荐工农兵上大学的通知。听到这个消息，我向老书记和大队长提出了想上大学的请求，他们都表示同意。

过了几天，我应邀来到公社书记的办公室，书记对我说："根据你的表现，可以推荐你去上大学，但也希望你能留下，来公社工作，过一段时间我们上报县委，推选你担任公社党委副书记。"听后，我觉得领导是从工作考虑，要让我自己在这两者之间选择，我还是希望去城里读书，便表示了想上大学的心愿。

本来，我填报的是天津财经学院，可父亲听说以后偏偏不让我学财经。父亲说，他干了一辈子会计干伤心了，我只好把志愿改为河北大学物理系。如果当初我不改这个志愿的话，也不至于十年之后又回到学习、工作的原点（后详述）。

那一天，我来到母校仁村中学，参加河北大学的笔试和面试，考试非常顺利，因为上中学时语文和数学我都学得很扎实，所以当时的考试不在话下。

当天，我来到了公社文教室遇见了刘主任，他悄悄地告诉我："你的分数在今年被推荐上大学的人员中排第一。"这让我心里有了底，便向公社主要领导同志再次说明了上大学的心愿。

接到河大的录取通知书，大家都为我高兴，我也考虑如何答谢教育培养我成长的父老乡亲、老师和领导。

1975 年在仁村公社广播站播音室

正在此时，听说本村一位兄长从部队回家探亲，带回来了许多好东西。于是，我来到他家，花了一块八毛钱，要了一条朝鲜香烟。这十盒香烟做了如下分配：两盒送给我家所在的第五生产队社员，两盒拿到大队部分发给和我一起共事的长辈，两盒带到公社送给正在公社开会的村干部，两盒拿到仁村中学给了我的老师，最后两盒留给了父母。1.8 元钱买来的十盒香烟，表达了我对家乡的父老乡亲、老师、领导以及同事们的谢意。

1975 年 10 月，我辞去了村干部职务，离开了哺育我成长的那块土地，前往河北大学读书。从此，保定市成了我的第二故乡。

六年之后，我带着新婚不久的爱人回到村里，当天来到公社电影放映站，花了 8 元钱包了两部电影，以再次答谢父老乡亲。

晚上，全村的男男女女、老老少少来到大队部旁边的小广场，公社放映员支起银幕，在放映之前，大队领导刘金贵叔叔做了简短的讲话，他代表村民向我夫妻二人表示感谢。同时，邀请我给大家说几句，被我婉言谢绝了。

然而，看着电影，我的脑海里却浮想联翩，几年前在这块热土上学习、劳动、工作和生活的场景，就如同银幕上的画面一样，历历再现。

大学生活

1976年·北京

1975年10月26日，太阳刚刚升起，父亲从生产队借来大车和毛驴，装上一只木箱送我去上大学。

走在村里的大街上，我和过往的乡亲们打着招呼，很快就来到了通往县城的公路旁。此时，远处传来了“老汉送女上大学”的歌声。

这是一首京东大鼓，在当时非常流行，公社广播站经常播放，几乎人人都在传唱。巧合的是，曲子中的主人公叫李桂兰，与我名字相似。听着这首熟悉的京东大鼓，瞧着正在赶车送我上大学的父亲，似乎觉得作者是为我而作。

顺着歌声我抬头望去，只见远处有一群人在地里干活儿。也许其中唱歌的人认识我，触景生情，也许是随意传唱。不管何因，此时此刻听到这首京东大鼓，使我感慨万千，多年来家乡的哺育、父母的期盼、自己的梦想……一齐涌上心头。

今天，父亲送我上大学，意味着从此将离开家，独自到外面闯荡，想到这，心里不免有些惆怅……

回头再次瞭望，大仁村这个生我养我的村庄，已经离开了视线。

一路上，父亲千叮咛万嘱咐，我一边答应一边想着自己的心事，不知不觉中，来到了县政府宿舍周二明同学的家中。二明被河北大学历史系录取，我报考的是物理系，还有一名叫刘新的同学是外语系，我们三人约好在此结伴同行。

第二天，我和新同学一起搭乘三十八军拉盐的卡车，来到了保定市，开车的师傅把我们送到河北大学院内，正在打扫院子的老师热情地接待了我们。

大一时与同学在河北大学操场的合影

因为搭便车，我提前两天到学校报到，校园里还没有迎新生的气氛，三三两两的大学生们在欢声笑语中散步。我第一次行走在这古老建筑楼群旁边的林荫小路上，一种说不出的感触油然而生，那是一种对神圣而高雅的高等学府的憧憬……

穿过了河大北院操场，来到了女生宿舍楼下，辅导员帮我安排好住处。那两天我熟悉了环境，等到大部分同学报到时，我便成了向导，带领新同学到宿舍入住，到食堂吃饭和到校外购买生活学习用品。

1976 年在北京天安门广场

正式报到的第一天，我认识了一位来自承德宽城县某公社的女同学。山里人艰苦朴素、热情奔放的作风，在她身上处处可见。我来自平原地区，崇山峻岭、荒山秃岭都没见过，总是听她在说。一来二去我俩成了最好的朋友，经常是一个碗里吃饭，一张课桌学习，几乎形影不离。

大学生活最令人难忘的是学军，我们当年的学军生活是在部队度过的。入学不久，河北大学七五级新生来到了驻扎在定县（今定州）的某部队。我们物理系 29 名同学被编成一个排两个班，由部队选派的班排长带领，在部队这所大学校里，开始了军事训练。

新兵连训练的日子非常紧张，班排长基本上是按照训练新入伍的解放军战士的标准要求我们。听着军号声起床、吃饭、操练、睡觉、紧急集合等，一切行动服从命令听指挥，雷厉风行。每到吃饭的时候，我们列着整齐的队伍来到食堂，先唱上两首歌，然后开始有秩序地排队打饭。

部队里的伙食非常不错，几乎天天吃炖肉。在我们排里，我担任生活委员，有时候部队的领导召集生活委员开会征求意见，其实部队吃住都没得说，同学们没有任何意见。

在训练场地，班长手把手地教我们坐卧端枪、瞄准、射击，更正姿势，规范动作。因为我过去受过这方面的专门训练，所以，各种动作要领掌握得很好，有时候班长还让我给同学们做示范。还有一些比赛项目，如叠被子、打背包、匍匐前进、跨越障碍物等，在班长的指导下，我都能做得又快又好。

有一天深夜，军营里突然吹响了紧急集合的军号声。军号就是命令，我急速穿戴整齐，打好背包，双肩背起，整好军容，第一个来到了操场。班长集合队伍，带领我们急行军 5 公里，汗水浸湿了衣襟，但肩上的背包没有丝毫松弛，军姿也没有任何懈怠。

学军结束之前，部队组织我们进行了一次实弹打靶，10 发子弹我打出了 70 环的好成绩，交了一份令人满意的答卷。

大学校园生活

在部队摸爬滚打 30 天，体验了军旅生活，通过军事训练和革命传统教育，养成了良好的生活习惯，坚定了自己的理想信念，为以后的学习和工作留下了一笔宝贵财富。

回到学校物理系，领导把我们七五级的 29 名同学分成了两个专业两个班，其中一个班是物理专业，另一个班是光学专业。我被分在了光学专业，并担任这个班的班主席。从此，开始了对物理科学知识的学习。

班里的同学们来自于河北省的各个地区，文化水平参差不齐，基础不一，老师的教学难度较大。不过，同学们的学习都非常刻苦努力。

在学习基础物理课的时候，我首先结识了教力学课的赵玉凤老师。赵老师教学细心认真，有问必答，耐心辅导，尤其对我的关心和教育非同一般。赵老师曾经多次把我叫到她家，包饺子、煮面条，变着花样给我做饭吃。

起初，我们光学专业开设的课程除了基础物理之外，就是

老公上大学时亲手制作组装的收音机

1977 年照相实训课留念

大量的数学课。我的高等数学和微积分学得不错，因为中学时期打的基础比较好，所以学起来很轻松。但是，那些枯燥、抽象的物理专业课，我就不爱学了，究其原因：一是缺乏兴趣，二是基础不够扎实，学起来很吃力。好在外在的压力不大，作业虽然很多，但闭卷考试少，大部分都采取开卷形式。

当时，我们的学习是非常刻苦的，缺课的现象几乎没有，而且大家天天晚上都去教室上自习。

大三时，同学们最感兴趣的是装收音机和照相课。实训课上，老师把收音机原理、电路设计和所需的元器件等讲完之后，让我们自己安装调试。我把电容、电阻、二极管、喇叭等元件焊接在线路板上，进行调试时却怎么也调不出台来，查不到原因，只好找来了一位男同学帮忙。

到了这位男同学的手里，三下五除二就把收音机调好了，能收到五六个广播电台，而且音质很清晰。在这方面，男生的动手能力的确比我们女生强，在男生面前，我甘拜下风。

一次回老家，在储藏室里发现了当年我老公亲手制作、组装的收音机，随手照了一张照片，不曾想现在派上了用场，放到了这段回忆里。

照相实训课最有意思，大家也最感兴趣，我经常把自己关在暗室里洗照片，一待就是半天。

1976 年与河北大学黄骅籍老乡合影

我们上大学的时候，文化娱乐生活是很匮乏的。一部“手抄本”的小说《第二次握手》在同学们中间传阅；几部五六十年代拍的影片翻来覆去地放映，主要是学校附近放电影的地方多。同学们今天去学校东边的某部队驻地看，明天翻过学校南墙头到河北财金学校看，后天很有可能去附近村里或电影院看，当然，学校也会定期放映并组织大家观看。同学们成群结队看电影，是当时最快活的娱乐活动。

生活待遇方面还算不错，国家每月发给我 14.5 元的饭票和 4 元的助学金，基本够吃饭和零用，有时还能省下一些，放假时买些礼物带回家。

当时，学校里的饭菜是非常单一的，主食按 70% 的粗粮和 30% 的细粮搭配供应，几乎天天午饭和晚饭都吃玉米面饼子。玉米面粗得根本做不成窝头，只能做成手掌大的饼子，咬一口掉渣，吃起来一点香甜味道都没有；馒头则又大又圆，看上去细腻光滑，咬一口柔软香甜。

大学时期，我们物理系的实习实验课比较多，毕业之前，老师带着我们去天津和北京实习，参观了许许多多的工厂和高校的实验室。通过参观学习，增长了见识，学到了书本上学不

1977 年在天津水上公园

1978 年毕业前与商桂珍同学的合影

到的知识。

有一天，我们来到天津实习，我住在亲戚家里，正巧父亲到天津出差，给我带来了一大提包螃蟹，个个都将近一斤重。我把这些螃蟹分给了老师、同学和亲戚。有的同学还是第一次见到这么大的螃蟹，不敢吃也不知道怎么吃。我的那位亲戚将螃蟹蒸熟，取出蟹黄，包成三鲜馅饺子，让我把同学们叫来一起品尝。至今我还觉得，那是我吃过的最好吃的水饺。

时间过得飞快，转眼到了毕业季，同学们都在为分配去向而焦虑，我的分配也成了问题。按理说，当年的分配是一个萝卜一个坑，不应该出现问题，但我却遇到了特殊情况。

临近毕业，我也结交了一位男朋友，他是我们班的学习委员，不但学习好、人品好，个头也高，是班里同学们公认的“大好人”。

在班里，虽然我是班长他是学习委员，但我们一起工作的机会并不多，因为当时班里集体活动少，大家都在忙自己的学习，很少组织课外活动，只有他天天忙着收作业、发作业，往返于同学和老师们之间。在操场上也能够常常看到他的身影，由于他跑得快、弹跳力强，篮球和田径运动场上总是少不了他。

快毕业了，有一天我来到了赵玉凤老师家串门，赵老师问我："没谈个对象吗？"我说没有。老师说："我看咱们班的学习委员就不错，你们又是老乡，要不要我帮你说说。"听到老师这句话，我的双颊火辣辣的涨得通红。细想想，这个同学确实不错，学习好，人缘更好，大家都非常喜欢与他打交道。老师看出了我的心思，于是牵线搭桥把我们俩撮合在了一起。

1977 年在北京天安门广场

不管将来我们如何发展，毕业能分配到一个城市或是同一行业最好。

好事总是眷顾着我，上级下达到物理系的分配方案中，有两个国防科委名额，又听说，这两个指标具体去处不在一地，但都是西北山区，性质属于军工保密单位。即便是如此，我也愿意去，因为当兵曾经是我的梦想，如果不是上了大学，在农村根本就没有当兵的机会。

2012 年与老同学陈宏儒在保定相聚

经向辅导员请求，系领导研究决定，将我和我的男朋友分配到此处。

在等待下达正式通知的那段时间，我的心总是在怦怦跳，想着部

大学毕业留校工作以后的老公

队的生活和工作，做着当一名国防科技战士的美梦。谁知这个梦想最终还是破灭了，后来部队来了不要女生的补充条件，我的分配暂时被搁置了下来。

眼见着同学都一个个离校，我的男朋友也已经接到了留校通知，可我还在焦急地等待着……

这一天，物理系主管分配的领导通知我去学生处，来到学生处办公室，王处长对我说："如果你同意，我们可以帮你联系河北财金学校，听说他们那里缺老师，估计没啥问题。"去教书也行，我当下答应了。

过了几天，一张中国人民银行河北省分行人事处的报到通知书发到了我手上，具体报到地点是与河北大学一墙之隔的河北财金学校。

三年的大学生活，我不但收获了学业，还收获了爱情。命运又把我们分配到了同一座城市，毕业后，经过了两年多的磨合，才真正地走到了一起。

1986 年 · 西安

进修学习

人的一生都应该不断地学习，接受继续教育。生活常识、做人哲理、业务技能、思想意识等方面，都要与时俱进、不断更新。特别是当老师的，要给学生一碗水，自己必须拥有一桶水，这一桶水的积累，靠的就是不断自主学习，接受继续教育，从而逐步提高自己。

1978 年，我毕业于河北大学物理系光学专业，分配到河北财金学校（现河北金融学院）任数学课老师。工作后，我抓住一切读书学习的机会，利用所有可利用的时间，学习经济数学、政治经济基础知识，攻读金融专业，接受研究生同等学历教育等。通过不断进修学习，把自己培养成了一名研究型金融专业人才。

1986 年在西安与陕西财经学院的同学出游

在开始担任金融专业课教学工作初期，学校图书馆里的金融业务方面的新书差不多都

1986 年在西安进修学习时拍照留念

让我看遍了，新华书店里的金融研究著作也买了不少，每次到银行开会或调研，带回家的也都是那些金融业务文件汇编。因为在这些书里面，既有金融理论研究的新观点，也有党和国家的方针政策，金融管理指导思想、基本原则和业务操作流程等，这些都是我们金融专业课老师需要及时了解掌握的。要把改革前沿的新内容、新问题及时补充到课堂教学中去，就必须经常不断地补充这些新知识。

为了不断学习进步，我给自己定了一个接受继续教育的计划，即每天阅读专业书籍的时间不少于两小时。除此之外，还要做到以下三点：一是时刻关注一些行业会议，能参加的一定到现场听报告，参与讨论；二是积极创造条件脱产进修，系统地钻研经济理论；三是积极从事社会实践，体验生活，深入社会调查研究。

1983 年的下半年，数学教研室没有给我安排课，抓住这一时机，我来到了北京财经学院学习经济数学。起初，我只听经济数学课程，后来觉得经济数学源于经济、服务于经济，研究经济数学不能脱离经济这一载体。认识到这一点，我决定在学习经济数学的同时，全面温习经济学基础课程。

由于上大学的时候我学的是自然科学，对社会科学的认知非常肤浅，所以想先听听经济学有关方面的课程，从而加深一些对经济理论的理解和认识。当我向北京财院教务处说明这一想法时，处长十分理解和支持，并把我安排到讲课最好的老师那里听课。

1983 年在北京进修学习

半年的学习生活很快就过去了，1984 年年初，我返回学校向领导提出延长进修时间的想法，准备把北京财院所开设的所有经济数学课程听完。领导被我的求学精神打动，批准我再进修半年。

1988 年参加银行信贷研讨班时爬长城

新学期开始，我把孩子送往农村老家，回到北京继续研修。周一到周六我穿梭于教室听课，周日常常来到小河边阅读经济学教科书，背诵《政治经济学》教材中的所有基本知识点。当时几乎把两本书都背过了，在期末闭卷抽题考试时，取得了 96 分的好成绩。

北京财院为期一年的进修学习结束了，当我回到学校，把单科成绩都在优秀或 94 分以上的结业证书交到人事处时，处长竖起了大拇指为我点赞。

随着经济金融体制改革稳步推进，我国的金融教育得到了迅猛发展。1985 年，担任学校团委书记的我，出于当一名内行领导的初心，开始自学金融专业知识。一个偶然的机会，考取了陕西财经学院（后与西安交通大学合并）金融师资高级本科班。从此，与金融结下了不解之缘。

来到了陕西财经学院脱产进修两年，在学好自己所在班级课程的同时，天天跑教室蹭课上，几乎听完了普通本科班的全部课程。

我们金融师资高级本科班的同学，绝大部分来自于全国各省的银行学校，他们基本上都是教了多年金融专业课的老师。与同学们相比，我的金融专业基础相差甚远，要把失去的时间和该掌握的知识全部补回来谈何容易，即便是使出浑身解数，也只能是一点一点补，一科一科学。

由于学习上的高度紧张，再加上营养不良，我的低血糖犯了，一日昏倒在教室里，幸亏同学们及时发现把我送到校医院，将我从死亡线上拉了回来。

1987 年在陕西财经学院大门口

那两年的脱产学习非常紧张，不但补习了金融经济基础知识，还和同学们一起参与了较高层次的金融理论研讨。同学们对我的帮助非常之大，如陈进中同学教我如何选题写文章，徐立世同学指导帮助我写毕业论文，蔡则祥同学带我向深层次的金融理论方向研究，等等。在同学们的热心帮助和自己的奋发努力下，我顺利完成学业并获得经济学学士学位。

1986 年与同学们游览西安古城墙

毕业前夕，为了巩固新学的金融专业理论水平，我又参加了天津财经学院（现天津财经大学）助教进修班硕士学位的考试。

当我拿着天财的录取通知书找校长说明情况，准备再度进修读研时，校长却提出了不同的意见。这倒不是因为学校急需我回来，而是身为邻居和老乡的姚得骥校长，每天见我爱人一个人带着孩子很不容易，所以他建议我应该顾顾家，不要再外出学习了。

在校长的建议下，我也想到儿子马上就要上学，老公的事业也很重要。我不在家的时候，他晚上去单位开会或工作，就把孩子一个人锁在家里。这些年我不是外出进修学习，就是没日没夜地和学生们在一起，淡漠了这个家。想到此，深感内疚和愧对他们爷儿俩。

回到家，我就把录取通知书给撕了，现在想起这个举动来还有些后悔，应该留作纪念。没了通知书，也就彻底放弃了读研的机会，我来到金融系城市金融教研室，当了一名专业课教师。

教金融专业课不同于过去教数学课，需要经常不断地更新

1986 年与同学刘玉华合影留念

1987 年参加毕业论文答辩

知识，紧跟经济金融改革新形势，组织课堂教学内容。因此，必须经常不断地学习，接受继续教育，补充新知识、新内容，以及改革教学方式和方法等。

如果说，我当年在陕财读的是第二学历的话，那么，后来参加的几次金融理论研讨班，则是纯粹的继续教育。

1988 年暑假，中国人民银行总行在北京昌平南口干部管理培训中心举办了为期一个月的银行信贷管理研讨班，学校派我和另外一位老师参加研修。

这次，我们接受的培训是高层次的，主讲教师是银行信贷管理领域的权威江其务教授，他是我在陕财读书时的老师，培训班的学员大都来自全国各地的高校。因为时间较长，老师、学员同吃同住，气氛热烈而融洽。通过专家们的讲授和大家的共同研讨，破解了一些银行信贷理论热点和难点问题。

第二年，我又来到此地，参加了商业银行经营管理研修班。在这期研修班里，除了学习商业银行经营管理基本理论外，还聆听了许多专家学者所作的专题报告。这次进修学习为回校开设商业银行经营管理课程做了良好铺垫。

时隔两年后，我再次进京学习，参加的是全国经济类专业技术职称资格考试师资培训，结业后，我成了全国第一批有资质的经济类专业技术职称资格考试辅导教师。

为了适应学校发展和金融教育改革新形势需要，1996 年，我又参加了河北大学研究生同等学历教育，学习并考试通过了世界经济专业所学课程，获得了毕业证书。

通过不断接受继续教育、自主学习和深造，我的业务水平和理论研究能力不断提升。1993 年，顺利通过副教授评聘；2001 年，晋升正教授职称；2012 年，评为二级教授，成为河北金融学院为数不多的专业技术职称最高者之一。

二级教授对于我来说既是荣誉也是使命。我也清楚地认识到，这份责任与担当是多年来学校的培养

1989 年参加商业银行经营管理研修班时参观古都北京

1991 年在北京与参加师资培训的学员一起爬香山

1986 年与河北籍同学在财西财经学院校门口合影

以及自己不断接受教育的结果。如果没有多年来学校领导的鼎力支持，没有不断地自主学习和接受继续教育，我就不会有当下的成绩。

我十分珍惜自己的使命和担当，以至于在二线和退休之后，继续在学校工作了十年，为河北金融学院的教学、科研及其管理工作，发挥余热，奉献力量。

1993年·衡水

追忆保定金专

打开美篇APP，阅读着九二级金融二班陈彦军同学写的一篇名为《相逢在金秋》的散文，我又回到了“保定金专”那个美丽的校园。

在那里，我与同事和同学们一起工作、学习、成长，度过了最最美好的时光。三十个春秋风风雨雨，留下了许许多多难忘的记忆，一幕一幕闪过，心情波澜起伏。

感慨之余，我在陈彦军同学的文章基础上加写，抒发一段“师生二重唱”，共同讴歌那个“金融人才摇篮”，并插入当时的背景照片，以展现当年我们工作、学习和生活的环境。

在业内被誉为“金融人才的摇篮”的保定金专的校园并不大，占地仅有80余亩，但却有着璀璨的历史。

保定金融高等专科学校大门口

校址位于保定市莲池区，背靠车流滚滚的长城大街，坐落于保定市东关公园北侧，前卫路家具城对面。大门口的那栋白色的办公楼东西朝向，正中央的大门口向西开着，两侧

1994年与九二级同学在保定金专校园内的合影

花坛锦簇，正上方一颗红黄相间、闪闪发光的中国人民银行行徽，引领“保定金融高等专科学校”几个金色的大字，格外醒目。每天，老师和同学们从这里进进出出、来来往往。

门口的这栋楼一至三层是办公用的，学校的领导和老师们每天来到这里，商讨现在、谋划未来，共同学习备课，为同学们授业、解惑。

1995年与保定金专计算机系的老师在综合楼前合影留念

当从恢宏壮观的大门入内，一条笔直宽敞的马路直通校园的东方，道路两旁的白杨树挺拔耸立，半人多高的月季花把校园装扮得芬芳迷人，还匠心点缀了许多盆景。

进门的北侧是综合楼，内部装修精美，一至三层主要用于干部学员住宿，四至六层是一个个宽敞明亮的大教室，银行干部学员的培训教室和计算机网络机房都集中在这里。后来，我所在的金融研究所挂牌和工作地点也在这座小楼上，是六层最东头的一个大房间。

综合楼的门前，精心打造了一个山水花坛，两只白鹤在水里游戏，喷泉喷出的水珠，吸引了刚刚步入校园的学子和八方来客……

一日，我与计算机系的几位女老师从此路过，被这里的美景吸引，蹲坐在综合楼前的草坪上，欣赏着如画的美景。

沿着马路一直向前走，来到了学生的学习活动区域。北边是宽阔的大操场，南边的西部是一个小操场，东部是教学楼。此时，足球场地上正在进行一场激烈的角逐。篮球场那边，一群身着运动服的学生，正在进行着系与系之间的冠亚军争夺战，围观的老师和同学挤得水泄不通。

一条用砖砌成的小道，通往校园北部，直抵河北大学南墙，这条小道将球场和田径场地隔开。顺着这条小道往北走，不远处的东侧就是同学和老师们就餐的地方——一个门口朝南的大餐厅。这里也是全校师生开大会的场所，大型庆典活动或师生共同参加的会议，都在这里举行，有时这里还会成为同学们翩翩起舞的场地。

1996 年九五级金融一班足球队

1994 年春季运动会九二级金融二班仪仗队

操场的正中央西侧是运动场的主席台，春季或秋季全校运动会都在这里发出开赛的第一枪。师生们在这里

2007年在即将搬迁的保定金专

上台宣誓、领奖……

2007年元旦刚过，一场大雪给冬日里的校园披上了银装，我们金融研究所也即将从这里撤离，搬入新校区。为了留下在这里工作的最后记忆，我和李巧莎老师踏着无痕的白雪，先是来到图书馆门前合影留念，随后围着校园转了一圈，来到操场正中央，望着充满美好回忆的校园，我站在雪地里，李老师用照相机帮我记录下了这一时刻。

再回到那条大路上，南侧东部的那栋南北朝向的教学楼，足有七八十米长，除了一楼之外，二至五层都是单阳教室，格外敞亮。二楼的阳台好似一条长廊，课间休息的时候，同学们站在宽敞的走廊上，可以放眼眺望，环视整个校园景象。位于东西两端的阶梯大教室，可容纳五六个班的同学在一起上课学习。

教学楼下姹紫嫣红、百花争艳，同学们沿着花丛中的曲径，闻着馥郁的香气，步入学习的殿堂。

穿过操场和教学楼，迎面看到的是坐东朝西的图书馆。这座图书馆楼，是一幢近似于“L”的建筑，上面镶嵌着曾任中国人民银行行长的李贵鲜同志所题“图书馆”三个镏金大字。

图书馆一层顶部的墙体，有一段凸出的弧形，这段造型墙的正面用黄色的瓷砖粘贴砌成，放眼望去，金碧辉煌、别致大气。这里是金专的符号或象征，同学们毕业时，都会到此拍照留念。

从图书馆向北走，不远处就是学生宿舍楼，起初那里是一片平房，后来是女生宿舍楼、男生宿舍楼、学校招待所……依次往后排。这几栋多层的楼群坐落在校园的东北角，一处安全幽静的地方。

宿舍楼下，密密麻麻停满了自行车，楼上晾晒着学子们的各色衣服，俨然万国旗帜；招待所里住满了来访的客人、学生家长及四方朋友。

在这里教学的日子，我们常常是迎着朝霞、披着月光，来去匆匆、废寝忘食。

大学教师，人类灵魂的工程师，如同春蚕、蜡烛，“鹤发银丝映日月，丹心热血沃新花”。

每日，我和学校的老师们，匆匆吃过早饭，慢慢梳妆打扮，穿上学校为我们定制的藏蓝色或者深灰色毛料西服，系上丝巾或领带，精神抖擞地走进校园。来到教室，走上讲台，环视四周，同学们起立大声喊：“老师好！”老师回：“同学们早！”之后课程开讲。

1990年与来学校做报告的专家江其务教授（前左三）、王兆星博士（后左三）和他们的学生们在保定金专教学楼前合影留念

我是教金融业务课的专业课老师，银行信贷管理学、货币

流通与计划、商业银行经营管理、投资经济学、农村金融学等是我主讲的课程，同学们学习都很用功。

班里的同学来自全国各地，但河北籍的最多，这倒不是因为“近水楼台先得月”，而是执行国家招生计划的结果。

中专、大专时期，有一些省份尤其是河北省沧州地区的许多学生是我招来的。那个时候招生不是全省统一，而是各地区自己组织。每逢招生季，学校会选派老师到各个地区挑选学生。

我们来到地区招生办公室，除了查看档案外，还要面试。考生们从各个县城赶到地区招待所，等待着与我这位大学老师的第一次见面。这种非同寻常的面试，对考生而言会留下深刻印象，但对我来说记忆却没那么深刻。

同学们考入大学，踌躇满志，下文引用九二级金融二班陈彦军同学撰写的散文——《相逢在金秋》，展示当年学子们相聚在“保定金专”的情怀和趣味生活。

相逢在金秋

陈彦军

秋风飒爽，心旷神怡。在这硕果累累的金秋，我们相逢在保定金融高等专科学校，是天意，更是人愿。从此，我们将拥有一份圣洁的净土，于此韬光养晦，厉兵秣马。

保定金专，盛开在祖国银苑里的一朵奇葩。我们荟萃于此，不正预示着一个美好的明天和充满希望的未来吗？！

大学生，天之骄子，被称为“知识的象征，时代高科技的载体”。亲爱的同学扪心自问：我们能否肩负起时代的重任？能否肩负起祖国的重托？能否在人生岁月的时光中，为金专的校园增添一份绮丽和灿烂？

“能——”一种发自内心深处且铿锵有力的声音在轰响！

上面，是我刚刚迈进这所校园时写下的“激扬文字”。

1993年保定金专九二级金融二班王宝利同学在学校大门前留念

那时的我们，正是风华正茂，书生意气，挥斥方遒；那时的我们，可以指点江山，激扬文字……

这也是我们抒发情感的最好方式。那时的我们，确实有点踌躇满志、年少轻狂！

在这里读书的日子，常常是一阵急促的铃声划破黎明的寂静，揉着惺忪的眼睛开始起床。下楼的脚步声急促而又凌乱，像战鼓一样催促我们加快速度，加入到晨跑的大军中去。

前卫路上，车如流水，晨风中弥漫着淡淡的雾气，到处是晃动的人影和响亮的脚步声。马路上的路灯，还散发着昏黄的亮光。我们跑过河北大学的校门，而后又拐进一条偏僻的弯弯曲曲的小巷。薄雾中隐约看见班里的几个女生在前面结伴慢跑，不慌不忙，“胜似闲庭信步”。

旭日终于从东方喷薄而出，雾气渐渐地在华北平原消退，古城保定揭开了神秘的面纱，从沉寂走向喧嚣，一切变得清晰而生动起来……

辽阔的田野上麦苗青青，街道两旁高大茂密的槐树、梧桐树在风中摇曳，仿佛在祝贺我们完成了一天的晨练。

晨练的序曲结束了，汗水与疲惫恰恰赋予我们强健的身体。“文明其精神、野蛮其体魄”，大概就是这个意思。

又到前卫路4号，金专的大门高大而又气派，内涵底蕴深厚而前卫，曾有着悠久的历史。它的过去是河北银行学校、河北财金学校，培养出了大批金融骄子，新中国钱币设计师、现代的银行企业家和管理者，一个个响亮的名字从这里走出。

返回校园大门的时候，看见五星红旗迎风飘扬，熟悉的旋律在校园的空中回荡，那是百听不厌的流行歌曲《水手》《一剪梅》《雾里看花》《爱江山更爱美人》《你的柔情我永远不懂》……

歌声总是在你意想不到的时候突然响起，猝不及防地触碰了你心底最柔软的地方，令你在失落中振奋，昏睡中清醒，感慨万千中热泪盈眶……

上课之前，先填饱肚子。拿起饭碗来到食堂。人多拥挤，吃饭就如同一场战斗。看着十几个窗口排着密不透风、望不到头的长龙，头皮发麻。一场“战斗”下来，真正称得上“浑身是粥，满身是汗”！为了不参与“会战”，有时只好迟一些来，同学调侃：“吃饭不积极，思想有问题！”

匆匆吃过饭，向教室奔去，有时慌不择路，居然进错了教室。一屁股坐下，环视四周，发现没有一个熟悉的面孔，教室里的陈设也殊不相同，才发现进错教室上错课，只好落荒而逃……

保定金专九二级金融二班陈彦军工作照

我们是学金融专业的，课程主要有货币银行学、银行信贷管理学、会计学、统计学、审计学、财务管理、政治经济学等。

通常情况下，总是当第一节课铃响，同学们都到齐了，我正好踩着上课铃声进入教室，老师瞅瞅我，示意快坐下。

我们这一班同学大多数来自农村，考入大学，恰如实现了“鱼跃龙门”。班里学习气氛非常浓厚，大家都很珍惜这来之不易的机会。

我们这个班56人，女生少，男生多，女生只有十多个，男女比例严重失调啊！

下课回到寝室，一个宿舍住七人，来自七省，南腔北调，好不热闹。北方口音相对好懂，江苏、安徽口音却不容易听懂。常听到福建籍的校友呼喊：“鸭病才喂鸭！”一头雾水，问他们为何不早一点喂？另一个同学说：“那是闽南语，根本听不懂，翻译过来就是‘爱拼才会赢！’”哑然失笑：鸭病才喂鸭！

慢慢地，教室、宿舍、食堂“三点一线”式的大学生活令人厌倦，偶尔去图书馆借书看，假装勤奋好学、刻苦读书。

周日休息和同学一块出去玩，路过一个小卖部，一个同学进去买烟。大家纳闷了：一路有很多商店不进，为何舍近求远？于是个别人跟着过去看看。小卖部的女老板是一个二十多岁的姑娘，长得艳丽，画中人一般。湿润的眼睛泛着笑意，魅力四射，吸引了远方的目光。

我们去东风公园划船，去古莲池欣赏红莲出水，去直隶总督署追忆历史，去“曹锟花园”感受“人民的权利”，去河北大学门前的书店翻阅新书，淘一本自己喜欢的读物。

遇到放小长假，同学或去白洋淀参观“华北明珠”，或去狼牙山抒发革命豪情，或去野三坡休闲探幽，或去冉庄体验战火和硝烟……

我和同学在好奇心驱使下，不辞劳苦，一日参观了七处景点！

经常有成群结队的同学在东风公园召开“老乡会”，女同学唱歌跳舞，样样精通，男同学五音不全，唱歌跑调，有人调笑逗乐，令人捧腹。生活在不同班级的同学，热衷于参加各种形式的“老乡会”，这也是一种“稀缺的资源”啊！

一日睡了一觉，没吃晚饭，忽然想起学校门口的煎饼馃子，有一段时间没有吃了。

煎饼以绿豆粉为主料，调成糊状，摊成煎饼，形似荷叶，薄软如纸。然后摊上鸡蛋，卷上酥脆的棒槌馃子（或油条），抹上面酱、腐乳，撒上葱花，最后叠成方形，放入包装。这是百吃不厌的美味呀，香脆爽口，唇齿留香。

1989 年与保定金专八八级城市金融一班同学在东风公园

历史上，有所赫赫有名的保定陆军军官学校，曾造就了一大批将帅之才，军校遗址就在金专新区教师宿舍附近。有时候，我们会到这处军校遗址感受历史风云。

1996 年与九五级城市金融一班同学在冉庄地道战遗址挂大钟的古树前合影

我们的学校是中国人民银行总行办的直属院校，是专门培养未来的银行企业家的，在业界有“金融黄埔”之称。

时光如白驹过隙，我已经有很多年没去过保定了，我们的大学现在成了一所真正的大学。占地面积 1300 多亩，据说校园建设得如同世外桃源一般。

我很想回去看看，重温一下当年的学习生活，看看美丽的校园和敬爱的老师。可惜的是，保定市前卫路 4 号已面目全非，我们当年的学校已经不见了踪影。

午夜梦回，我们来到的仍然是曾经的校园——保定市前卫路 4 号保定金专。校园门口的煎饼馃子很好吃，那香味沉到了心底……

作者简介：陈彦军，男，甘肃省永昌县人，现任甘肃多帮商贸有限公司总经理，1995 年毕业于保定金专。

时光飞逝，保定金专已经成为过去，现升格为本科院校，更名“河北金融学院”，地址迁移至保定市恒祥北大街的西部一块视野开阔的土地上，新一代青年学子们在这里放飞梦想，读书成长！2021 年 9 月 22 日 9 点整，我路过河北金融学院校门口抓拍了这张照片。

当年保定金专的学子们已头染白发，我们这些老师也在安度晚年。然而，我们人生的路都从这里走过，保定金专这个“金融人才摇篮”将永久铭刻在心。

2021 年 9 月 22 日的河北金融学院

2011 年 10 月，金融学院迎来了阔别 30 年的校友——财税十四班同学。

校友们回到了曾经的河北财金学校，寻找着当年自己的宿舍及教室。只可惜当年的宿舍不见了，教学楼、大门口也都失去了当年的辉煌。当时这块金土地，已经不属于河北金融学院。所以，今天校友们来到这里，无法找回当年的感觉。

下面的照片是七九级财税十四班毕业三十周年回母校时留下的纪念。望着这些照片，我再一次被带回了保定金专那个美丽的校园。

2011 年财税十四班校友们回到原保定金融高等专科学校院内

第二部分

工作纪实

gengyun rensheng
耕丨耘丨人丨生

团委书记

1986 年 · 保定

大学毕业参加工作后，我曾担任过保定金专第一届团委书记。虽说时间不长（1984 年 10 月至 1985 年 10 月），但对于自身价值观的形成和事业上的发展起了重要作用。

1984 年秋季的一天，学校党委副书记孙沛城同志从我家门前路过，他见到我正在院子里，便走了进来，提出让我负责学校团委工作。这是我没想到的事情，因为我当时正在承担着两个班的数学课教学任务，从没想过改行干行政，所以一口回绝了。

第二天，校长姚得骥同志又把我叫到他的办公室，校长对我说："学校已经获得批准升大专，升专科以后，团委书记是一个副处级职务，这样的机会需要奋斗多年，再说你的经历和性格适合做这项工作，希望你考虑。"

校长的一番话让我无言以对，的确我不是不喜欢到团委工作，只是在那个干业务比干行政更加受人尊重的年代，让我放弃教学改行干行政，确实有点难以接受，只能对领导说，"这件事来得突然，得容我想想。"

当天晚上，我和爱人商议此事，他听后不加思索地说："你不是共产党员吗，党叫干啥就干啥。"简单的一句话提醒了我，

1985 年在庆祝五四青年节大会上作报告

1985 年在保定市莲花池

对呀，我怎么把自己的初心给忘了？听从组织安排是必须的，于是决定服从工作调动。

次日，我来到主管校团委工作的孙沛城副书记办公室，对他表示同意到团委工作。两天之后走马上任，开启了共青团工作的新征程。

团委的工作对于我来说并不陌生，用不着花费大力气就能干好。而且，学校团委有一位专职干部韩胜难老师，他在团委工作多年，有丰富的管理经验，同时和学生干部关系也十分融洽，随时可以了解到学生的思想动态和相关问题。

韩胜难老师与前任团委书记打造了一个良好的工作平台，我十分珍惜这一工作环境。来到团委工作后，我们共同积极营造更加和谐的氛围，共青团工作开展得有声有色。不久，学校召开共青团代表大会，一致选举我担任了团委书记。

在校团委工作期间，我经常和团委一班人一起学习谈心，一起到学生班级和团支部走访，调查了解学生生活学习情况，一起深入社会接受爱国主义教育，工作进展得十分顺利。很快，我就融入了这个充满朝气和活力的集体当中，与团委同志特别是那些学生干部打成一片，建立起了深厚的感情。

“共青团是党的助手，必须当好这个助手。”这是当时学校党委书记张爱华同志常对我讲的一句话。我深刻领悟当好党的助手的内涵和意义，围绕党的中心工作加强学习，提高自身素质，积极开展好共青团的各项工作。

首先，我们创办了学校团刊，积极配合党委工作重心进行政治宣传活动，弘扬中华民族的优良传统，宣传教师和同学们中的先进事迹。

其次，进一步解放思想，创新工作思路。1985 年的五四青年节，我们组织了一场别开生面的大型报告演出会，会上邀请了省行领导作专题报告，我也为同学们作了大会主题演讲。随后，同学们将自编自演的节目搬上舞台。

再次，关心爱护学生，深入到各团支部以及学生宿舍，了解学生生活和学习中的困难，帮助解决思想问题。至今我还清楚地记得，当年在操场上望着满天的星星与学生促膝谈心的情景。

在团委工作，经常会遇到学生打架、醉酒以及一些心理问题。关心爱护学生，帮助他们疏导情绪，解决各种矛盾和问题，是我们做政治思想工作的重要内容。有时候，为了解决学生们之间发生的问题，还要忍受一定的委屈，战胜各种困难。

有一天深夜，突然响起了敲门声，学校门卫同志说，刚接到一个学生打来的电话，说我们学校的一个学生在保定商场附近喝多了酒，晕倒在了大街上。得知此事，我骑上自行车赶到了出事地点，只见一个学生躺在地上不省人事，另一个学生在

1985 年与孩子在保定市东风公园

1985 年与老公和儿子在保定市东风公园

旁边一个劲儿地哭。

简单问明情况后，我找来一辆三轮车，让师傅帮忙，三个人一起将昏迷的学生抬上车，我也上了车，坐在学生身边，另一个学生骑着我的自行车一起回到了学校。

一路上，学生靠在我的肩膀上，我用手掌心拍打着他的后背并大声叫着他的名字，希望他快点清醒。结果这个学生醒来后，哇哇地吐了起来，我来不及躲闪，弄得满身都是呕吐物，酒气和酸腥味熏得我喘不过气来，强忍着，把他送到宿舍，安排好同学照顾。

我在学校团委工作的时间不长，只有一年，在这一年里，天灾人祸都曾经历过，并且直接参与了处理过程。有些触目惊心的场面，让我终生难忘。

1985 年 7 月份的一个晚上，一场特大冰雹突然袭来，狂风夹着鸡蛋大的冰雹砸得门窗啪啪作响，窗户玻璃被砸碎，屋内进水、停电，到处一片狼藉，漆黑一团。

我放下怀中因受到惊吓而哭闹的孩子，来不及堵挡自家的门窗，用手扒开堆积在门口的冰雹，急速跑到学校。来到学生宿舍查看，此时学校领导来了，班主任老师们来了，学生干部们也来了。我们很快组织起一支援助队伍，先是为女生宿舍找来蜡烛、木板，堵挡门窗，清理室内的玻璃碎片和冰雹，安抚同学们不要惊慌。然后，来到男生宿舍，一一查看，帮助解决困难。经过几个小时的连夜奋战，同学们情绪稳定、安然无恙。

当我拖着疲惫的身体，踩着冰雹走在回家的路上时，已是凌晨五点多。这会儿，才感觉到鞋子和裤腿早已被冰水浸透，手脚冻得麻木疼痛。

80 年代的学生，非常注重锻炼身体，经常自发地组织到校外跑步，我也曾经跟着学生的队伍，跑步往返于学校与体育场之间。那个时候基本没有私家车，大街上车子很少，空气也新鲜，但偶尔也有车辆在马路上疾驰。

这一天，我们学校的一队学生刚从马路穿过，一辆汽车飞驰而来，将跑在最后面的一个女生扎在车轮之下，当场身亡。

为处理这件事，学校动用了大量人力物力，我直接参与了善后工作，因为当时我不仅是学校团委书记，还是学校管理委员会成员之一，所以安抚家属、协助处理后事责无旁贷。最后，学校将护送死者及其家属回家的任务交给了我。

那天中午，车子刚进村，就听见了远处传来的哭声。走进院内，首先看到的是一大群人，他们带着愤怒的目光堵在门口。虽说学校领导已经将条件谈妥，但见到这架势，我还是捏了一把汗。幸亏有村干部解围，我也进行了一番详细解说，乡亲们才让开，准许我进屋。

来到死者家里，不但没有出事，乡亲们还款待了我这位学校的使者。

当团委书记，也促使我对金融专业知识产生了兴趣。在学校团委工作，我常和学生干部在一起学习、聊天儿，在交谈过程中，每当涉及专业知识时，我似乎就感到自己没了发言权。这一天，突然萌生了一个念头，何不学学金融专业知识呢？如果自己懂专业知识，和同学们在一起，就会有更多的交流话题和机会。

有了这个想法，我便从学生手里借来专业课教材，开始自学了起来。

自学金融专业知识，对我而言有着充分的便利条件，因为身边的学生都是我的老师，有问题可以随时向他们请教。

功夫不负有心人，机会也总是眷恋着爱学习的人。这一天，学校传达了中国人民银行总行文件，主要内容是教育司组织考试，招收参加工作两年以上，具有大专以上学历的在职人员，进入金融师资高级本科班学习。听到这个消息，我毫不犹豫地报了名。

1988年与过去的学生干部王彦青（前左一）、韩松（前右一）、杨学军（后中）等合影

由于有前期

自学铺垫和备考所付出的努力，顺利通过了入学考试。但是，当一张陕西财经学院的入学通知书发到手上时，我却犹豫了。

1988 年与过去的学生干部魏丽丹（前右一）等同学的合影

面对人生的又一个转折点，我不知道自己该做如何选择。如果放弃现在的工作外出学习，就意味着一切将从头开始。

自从 1975 年离开家上大学，至今已过去整整十年。而立之年，放弃行政职务从头再来，不一定是好事。在不能预见未来的情况下，读不读这个第二学历，我没了主见。

此时，与我同时考入陕财的陈进中老师找上门来，动员说服我与他结伴同行。陈进中老师刚从陕财大专毕业，熟悉那里的学习和生活，他向我介绍了陕西财经学院金融系以及那里的金融师资教育情况，并且保证帮助我顺利完成学业，同去同回。

遇到贵人让我坚定了信心，决定随他出行西安，上学读书。

离开学校之前，团委一班人来到照相馆，照了一张合影留念。韩胜难老师带领校团委其他成员又买了一本相册，在扉页上写下了每个人的祝福和心愿。

1985 年与学校团委老师和同学们的合影

首先，由团委副书记徐永志同学（后左二）代笔作诗一首，赠送于我。诗中写道：

大汉中兴一刘秀，立年求索长安行。
满城秋色兰香浓，壮志天涯永不朽！

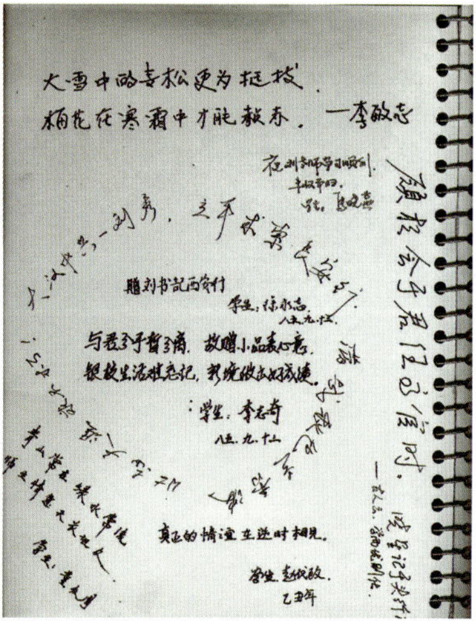

1985 年校团委成员在相册扉页上题字签名

团委委员董庆周同学（后左一）在左下角写下了“青山常在，绿水长流，师生情谊天长地久”。

赵代政同学（后右一）抒发只有我俩才明白的内心情感：“真正的情谊在逆时相见。”

李敏志同学（后中）性情豪爽，占据“头条”位置，写下了“大雪中的青松更为挺拔，梅花在寒霜中才能赪赤”的豪言壮语。

李志奇同学（前左一）是位女团委，大家给她留了中心的位置，志奇在其中写道：

与君分手暂分离，故赠小品表心意。
银校生活难忘记，新境做出好成绩。

马晓燕（前右一）是干部培训班的同学，她长得十分漂亮，笑起来甜甜的，两个酒窝非常迷人，讲起话来低声细语。马晓燕比其他团干部同学年长、务实，她向我提出了“学习顺利，丰收而归”的希望。

韩胜难老师（后右二）风趣幽默，他的“愿相会于君任高官时”的期待，至今未能实现。

尽管韩胜难老师在我离开学校以后，工作干得十分出色，后来调到了省会城市石家庄，而且升职为某学校的校长，但是我们也一直没有相聚的机会，估计他也已经退休。岁月过得如此之快，可谓“盛年不重来，一日难再晨”。

1986 年春节全家福

第一个教师节过后，带着大家的嘱托和希望，我离开了学校团委这个大家庭和自己的小家庭，到西安求学。这次外出进修学习，改变了我的事业发展方向。

金融教学与实践

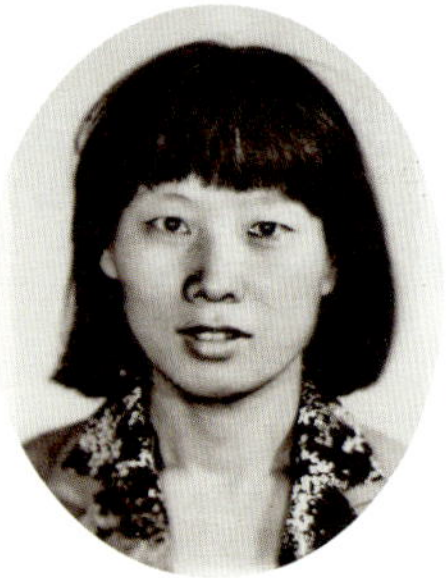

1991年·保定

1987年7月，在陕西财经学院金融本科专业毕业后，我返回了学校。因为外出学习前在校团委工作，毕业之后是继续干行政还是去教课，又面临着一次选择，但这次我早已想好了去处。

这一天，来到校长办公室，姚校长问我："校团委回不去了，你准备去哪儿？"我毫不犹豫地回答："想去金融系教专业课。""那好，你暂时回金融系吧。"谁知，回到金融系，一干就是13年。

来到了金融系，被分配到城市金融教研室，王一平主任接待了我。王主任问我学了哪些知识，喜欢什么课程，对今后的研究方向有何打算等，并建议我先到银行实习几个月再上课。

王一平主任50多岁，穿一身西服，稳重谦和，讲起话来有条有理。听他讲话，就能看得出是一名有阅历的学者。他的人品也如同他的名字一样，简单而富有内涵。

王主任曾经在银行工作多年，他业务精湛，有丰富的实践工作经验，更关心爱护我们青年教师，初次见面就给我留下了深刻印象。

在王一平主任的指导下，我的业务进步很快，他对我事业上的发展起了重要的促进作用。后来，在他的推荐下，我当了城市金融教研室副主任。王主任离休后，我接替了他的工作，被任命为国内金融教研室主任（正科级）。

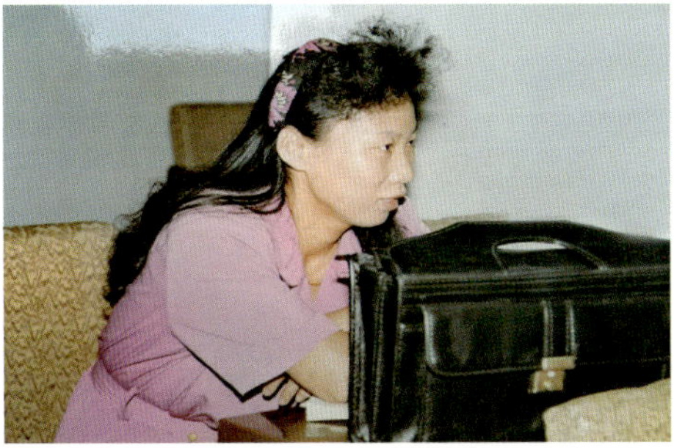
1988 年参加省人行召开的信贷工作会议

到金融系工作不久，经王一平主任介绍，我来到了工商银行保定市环北办事处信贷科实习。

商业银行经营管理电子教案截图

在信贷科，我这位实习生成了名副其实的信贷员。每天准时上班，经常和行里的同志一起下工厂，实地考察企业贷款项目，核实企业资金流向和用款进度。有时候，信贷科科长会将一大堆材料交给我，让我查看分析企业各种财务报表，撰写分析报告。

有一天，我来到一个企业送“还款通知”，保安不认识，拦着我不让进，解释了半天还是不行。于是我走进传达室环视四周，看到墙上贴着一张纸，上面写着各部门的电话。不容分说，我拿起电话拨通了主任室，说明来意，主任通知门卫放行。

从那天开始，我就成了这家企业的常客，隔三差五就来一趟。经过多次找企业领导交谈，了解到他们生产经营遇到了问题，回到银行把情况反馈给了负责该企业贷款管理的同志，并由领导协助，解决了这个企业的资金周转问题，并收回了贷款。

半年的社会实践活动收获很大，学到了银行贷款管理方法和技能，积累了一些信贷工作经验，掌握了许多贷款管理案例，为今后的课堂教学提供了素材。

实习结束，迎来了寒假。在这个假期里，我几乎把所有的银行信贷管理学的教科书都看了，从中吸取精华，结合本校所用的教材和过去听课笔记以及案例，认认真真地写出了银行信贷管理学的讲稿，并且背得滚瓜烂熟。

功夫不负有心人，经过充分的准备，授课效果自然是非常理想的。领导、老师和同学们对我专业课教学的肯定，也使我看到了在金融领域发展的前景。

过了两年，我又开设了货币资金流通与计划、投资经济

教学工作照

学、商业银行经营管理等课程。这几门课的实务性、计划性和政策性都很强。为了讲好货币资金流通与计划这门课程，我曾经多次到中国人民银行石家庄和保定中心支行，查阅相关文件和资料，然后精心撰写教学大纲，并自编了讲义。这一届学生六个班，由我一人担任主讲，所以授课任务很重，嗓子嘶哑了，吃点金嗓子喉宝接着讲。

银行信贷业务课件截图

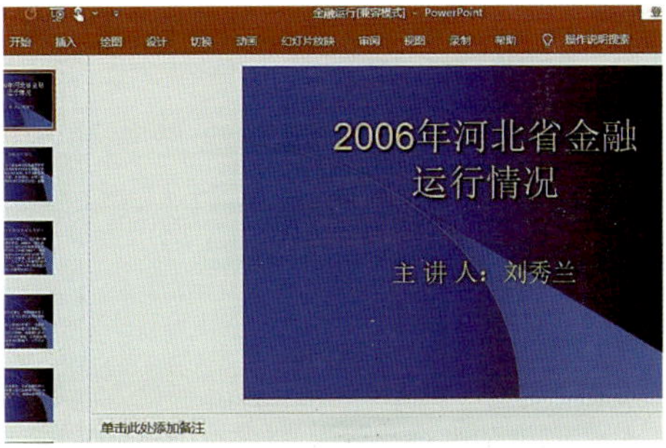

专题讲座课件截图

讲课是门艺术，要靠自己慢慢地摸索总结才能提高讲课水平，而授课内容的不断更新，做到紧跟当前经济金融改革发展新形势，更是至关重要。

随着金融改革的不断深化，国有专业银行更名为商业银行，其经营机制、法人治理结构也在向着股份制、商业化改革方向迈进；一些地方性股份制商业银行相继设立，银行贷款风险问题受到监管部门的高度重视。在这一新形势下，我向领导建议开设商业银行经营管理课程，并自荐担任主讲。

在陕财读书的时候，我就对管理学非常感兴趣，学得很好。银行经营管理的理论，都是引用管理学的基本原理，与其融会贯通，讲起来得心应手。

后来的几年中，我把商业银行经营管理这门课讲到了全国。不仅在本校讲，到河北省的各大商业银行讲，还应中央电视大学邀请，参与远程教育授课。作为专家，为中央广播电视大学制定教学规划、编写教材、阅卷和出考试题库等。至今，中央电视大学还一直使用着我主编的教材——《现代金融通论》。

教书育人，是教师的重要职责。在金融系工作期间，我连续担任了三届班主任，与这三个班的近 150 名同学建立了亲密无间的师生关系。他们的学习生活遇到困难时，我帮着解决；他们的思想情绪和心理变化出现异常时，我帮着疏导；他们的就业分配及职业生涯规划，我也力所能及地帮着考虑。

1996 年在安新县参加人行河北省分行组织召开的会议

1998 年在石家庄参加师生座谈会

作为一名教学一线的专业课老师，还有一项重要使命，那就是搞好教学改革与科学研究。教学改革包括教学方法和教学内容。在教学内容方面，我开始建立自己独特的一套教学体系，并主编了《商业银行经营管理》教材。这本书由河北人民出版社出版发行，被评为河北省优秀科学研究成果三等奖、河北省金融科学优秀成果二等奖。

在金融系工作的那些年，

我的教学和科研工作量一直名列前茅，教学质量也在不断提高，在金融系老师们中间，奖金拿得最多。在教研工作中，通过多年探索和实践，取得了可喜的成绩，获得一项省级教学成果奖和多项厅级教育科学成果奖。2012 年，在参与评选学校师德标兵时，我的材料被学校党委宣传部命名为“木秀于林兰葳蕤”。然而，这一成长过程却经历了不同寻常的艰辛。

我对金融系感情很深，调离金融系后，一直是“商业银行经营管理”学术带头人之一。在金融研究所和产学研合作处工作期间，经常受到金融系主任秦菊香的邀请，回到系里为毕业班的同学作如何写好毕业论文的报告。

90 年代，学校与各地农村信用社及商业银行合作，承办了大批成人教育培训班，无疑加重了学校的教学任务。我和其他专业课老师一样，在河北、山西、内蒙古等地循环授课。

记得有一次去邯郸讲课当天返回，晚上还要赶到学校为在校生补课。下了火车直奔学校，当我来到教学楼下时，由于晕车和过度劳累，头晕、恶心、呕吐，蹲在地上起不来了。双手扶地，才勉强支撑起身体，随后打起精神上楼进了教室。当站在讲台面对学生时，身体的一切不适都忘记了，与往常一样，有声有色地将课堂教学一次次推向高潮。殊不知，这种常常超负荷运转和高强度工作节奏，会埋下疾病隐患。

那些年，讲课任务繁重，再加上科研压力，疾病接二连三地找上门来，没隔多久，做了两次大手术。

2000 年春节刚过，某农村信用社请我去讲课，出发前发现身上长了一个核桃大的疙瘩，不疼不痒，也就没有当回事儿。完成了授课任务，在家人的催促下来到医院就诊，大夫看了一会儿，写了一张纸条递给我，接过纸条一看，是住院通知单。

为什么住院？我意识到问题的严重性。医生对我说：“叫你家属来。”“不用，跟我说一样”，我非常干脆地回答。大夫瞅了我一眼，略加思索之后说道：“怀疑乳腺癌，需要马上住院检查才能确诊。”

医生的话如五雷轰顶，我根本不相信自己得了癌症，走出医院，一路胡思乱想，跌跌撞撞地回了家。

第二天，我独自来到医院病房，首先将一大摞卷子摆在床头柜上，护士见了诧异地说：“别人来医院都是哭哭啼啼由家人陪着，你可倒好，自己一个人来住院不说，还把学生作业搬到病房里看。”其实，我这是在做着最坏的打算，我很清楚，癌症是和死亡联系在一起的，一旦下不来手术台，自己的工作任务还要留给别人来完成，为了不给系里添麻烦，我必须在手术前把这些卷子判完。

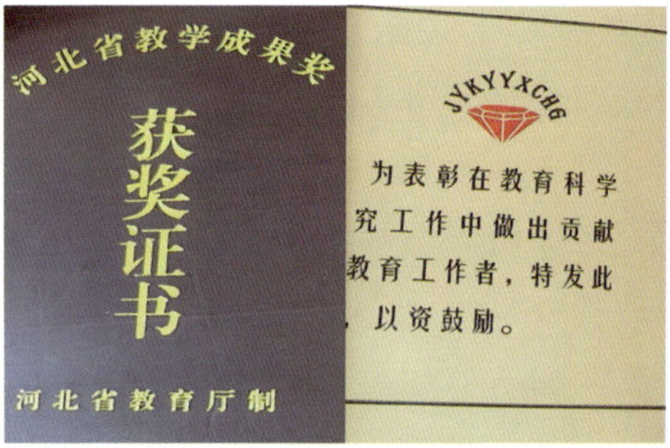

河北省教学成果奖获奖证书

2011 年与学校金融博物馆苗绘馆长（左一）等在北京参观学习

手术十分顺利，伤口愈合后，紧接着做了一个疗程的化疗，我就回学校上课去了。从住院到回单位上班，仅仅用了 28 天。

后来我常和家人讲，得了回癌症都没顾得上休息一个月，这虽然是句玩笑话，但确实是如此。幸亏那学期学校没有我的课，只是函授站有三天的干部培训课程，不然的话，很有可能又要拼着命地去讲课。

四月春暖花开，这一天天气格外晴朗，蔚蓝色的天空中飘着朵朵白云。我乘坐在驶往秦皇岛的火车上，望着窗外的蓝天白云，回想着十几年来在金融系工作的情景，一幅幅画面在脑海里闪过，又想起自己的病不免有些惆怅，当时也在不断地安慰自己，一定能战胜病魔，在教学园地继续耕耘下去。

次日，当我站在秦皇岛农联社的讲台上时，双腿还有些发软，左手还举不过头顶，多亏在黑板上写字的是右手，就这样硬是坚持把三天的课程讲到了极致。同学们愣是没看出来，我是刚刚做过大手术的癌症患者，当然，我自己也不会暴露实情。

授课结束，秦皇岛农村信用联社的同志陪我游玩，拍了许多照片。当看到这些穿着学校为我们购买的大红色重磅真丝衬衣的照片时，我似乎才开始感受到生活的美好和对未来人生的渴望。

在秦皇岛讲完课返回学校，一些老师关心地劝我说："你不要命了，还上课！"我苦笑着，心里却在想，这也许是最后一次讲课了。

到了暑假，又利用假期做了第二次化疗，这事儿就算过去了。

这一年，我本该申报教授职称，但因生病主动放弃了。等来年申报，统计过去五年的年均教学工作量时，即便是最后一年没怎么讲课，我的年均教学工作量仍在 700 课时以上。按现在的要求，年均 140 课时就是满教学工作量。可见，那些年我

2000 年在秦皇岛讲课结束后到野生动物园游玩

超负荷工作的强度有多大。

回过头来看，我无悔当年的选择和付出，在教学一线扎扎实实工作了 13 年，培养了成千上万的学生和银行职员。发表了 60 多篇论文，出版了 10 多部教材和教学参考书，为金融教育事业奉献了自己的力量。同时，也为以后自己的专业技术职称晋升奠定了基础。

1997 年 · 保定

科学研究与职称

大学既是培养人才的摇篮，又是科学研究的阵地。大学教师都应站在本学科理论研究前沿，深入探讨，勇于创新，善于发现问题和解决问题，做好科学研究工作。而且，科学研究与专业技术职称的评聘直接相关。

一般大学教师从事科研工作的内容主要包括以下方面：一是不断瞄准理论热点问题展开研究；二是主动申请承担科研项目；三是深入社会调查研究解决现实问题，进而撰写研究报告或论文发表；四是积极参与科研成果评奖，等等。做好了这些工作，不仅可以加强学科建设，促进教学质量提高，而且还会推动科学技术进步和促进社会发展，更好地为地方经济社会发展服务。

认识到这些，我开始给自己制定科研目标，明确研究领域和研究方向。

应该说，我的科研工作是做得不错的，专业技术职称晋升也比较顺利。从讲师到副教授，从副教授到教授再到二级教授，都有自己的奋斗目标和努力方向，每年的科研成果在老师们中间通常是领先的。

1988 年到 1993 年，是从讲师到副教授阶段。在这一阶段，

1997 年在家中书房

完成了每月写一篇论文的目标。起初，我的金融研究基本是停留在基础理论上的，只是一些浅显的认识，后来，慢慢地把研究视角转向了自己所主讲的银行信贷管理理论与实践问题，重点研究了关于贷款风险防范问题。

1994 年到 2000 年，是履行副教授职责时期。这一阶段，首先围绕商业银行经营管理问题进行思考，对商业银行经营管理模式以及改革发展方向重新认识，研究深度和观点有所突破，取得了一些较高水平的理论研究成果，在一定程度上促进了本校该学科建设。

1995 年以后，我国的经济与金融体制改革驶入了快速发展轨道，商业银行股份制改革步伐加快，内部治理结构发生了深刻变化，传统经营方式和业务范围受到挑战。银行树立新的经营理念，推进加快改革步伐势在必行。

在这一新形势下，商业银行经营管理的课堂教学内容必须做出相应调整。根据国家对外开放政策和商业银行业务创新情况，我首先带领本教研室老师，开始研究课程改革，编写新的教学大纲，在教学过程中推陈出新，建立起了介于专科与本科教育之间的商业银行经营管理教学内容新体系。

在此基础上，我组织带领部分任课老师，并联合银行业务骨干，一起编写教材。1998 年，编著了《银行中间业务与经营》，由中国金融出版社出版发行，获得河北金融学院优秀科研成果一等奖；2002 年，重新修订出版了《商业银行经营管理》教材，得到业内人士的好评。著名银行信贷管理学专家江其务教授，以《一本面向新世纪的教材》为题发表书评，对这本书做出了很高的评价。

其次，积极参与地方政府课题申报，坚持理论研究为地方经济社会发展服务。1999 年，学校划归地方管理之前，我首次申报成功了河北省哲学社会科学研究项目——“农村信用社如何为支持地方经济发展服务问题的思考”。这是我们学校承担的第一项河北省政府课题，也是参与河北省教育厅主持的指令性项目中的子项目，所以我非常重视这个课题的研究工作。

退休前所发表论文的学术期刊

学术著作、教材以及各种荣誉证书

1993年在保定市满城县调研

为了确保研究质量，组建了三位一体的研究团队，既有本校教师，也有农村信用社领导，还有在校学生。我积极组织课题组校内外成员，展开了全方位调查研究，2000年完成研究成果并顺利结题。

当时申报这个项目的出发点，是想为农村信用联社摆脱经营困境寻找一些出路。在调研过程中，却发现地方政府对农村信用社寄予厚望，想通过信用社对农户的资金支持脱贫致富，走上新农村和小康社会建设发展之路。为此，我们调整思路，从需求方面做了认真思考研究，为地方政府和农信社提出了合理化的建议，得到了有关部门的采纳。

再次，不断学习提高，促使自己的金融研究向纵深发展。1997年，香港回归祖国，香港金融与内地金融的融合发展备受关注，理论界也在积极探索路径。我也围绕此问题进行了认真的思考，发表了题为《香港金融与内地金融的融合与发展》理论文章，获河北省金融科学优秀成果一等奖。

在金融研究过程当中，学习西方国家金融发展史得到启发，撰写了《美国商业银行经营模式演变及对我国的借鉴》一文，发表在中文核心期刊《经济问题》上，被评为河北省社会科学优秀研究成果三等奖及河北省金融科研优秀成果一等奖。论文《中国金融改革：目标体制、机制》发表在《金融科学》期刊上，得到理论界较高评价和许多读者的引用。同时，还为中央广播电视大学修订了《银行信贷管理学》教材，由中央广播电视大学出版社再版，全国发行。

2000 年，学校由中国人民银行总行管理划归河北省教育厅管理，我的研究方向也随之确立在了金融支持地方经济发展问题上。

在履行副教授职责的时间里，发表较高层次的学术论文 39 篇，出版编著、教材和教学参考书 13 部。2001 年，顺利通过教授资格评聘。专业技术职称的提升，意味着科研职责的加重，从此开启了科学研究新征程。

2004 年，学校成立了金融研究所，我出任研究所副所长，专门从事理论研究工作。在研究所，工作条件优越，时间充足，有足够的精力学习充电，获取信息资料，科研水平和能力逐步提升。

2005 年，在我的努力协调下，金融研究所与河北省农联社合作，开始对农村信用社发展过程及改革方向进行系统研究。我们的专著《农村信用社重大理论问题研究》，于 2006 年由中国市场出版社出版发行，荣获中国金融教育发展基金会优秀成果奖，获保定市社科研究优秀成果二等奖和本校科研优秀成果一等奖。

2006 年出版的学术著作

2007 年，河北省沿海经济建设问题成为政府工作重点，我也在

2008 年中国金融教育发展基金会颁发的获奖证书

关注和研究这方面的理论与现实问题。首先，在全校范围内作了题为“打造河北经济发展强省问题研究”的讲座；其次，撰写了《金融支持沧州渤海新区建设中的问题与对策》论文，被河北省社科规划网“政策建议”栏目转载；再次，申报成功了河北省科技支撑重点项目——“河北省沿海经济隆起带发展问题研究”。该项目由河北省财政拨款研究经费数万元，学校 1∶1 配套资金，予以大力支持。

为了做好这个项目，课题组深入社会调研，多方获取资料，撰写了翔实的研究报告，其中的核心内容以论文形式发表在国家级期刊《宏观经济》上。这项成果得到了相关部门的推广应用，荣获了第十二届河北省社会科学优秀成果二等奖，并受到省政府领导关注。

科研工作不但要为地方经济发展服务，还应该为学校发展服务。2007 年下半年，学校升本工作到了白热化阶段，升本办公室交给我一项重要任务，即修订全校八个专业的本科专业人才培养目标方案，并且要求监制排版印刷、装订成册。

这项工作既需要深厚的研究底蕴，又需要具备跨学科、跨专业的综合知识，还要有较强的沟通协调能力。修订好的方案，才能够与八个专业的学科带头人达成高度一致。领导把这样一项艰巨的任务交给我，是对我的极大信任。

接受任务后，我与所里的李巧莎老师开始认真研究修改，并多次到系里调查和征求意见，与领导沟通。经过昼夜奋战，终于赶在升本评估之前完成了任务，为学校升本工作出了一份力。

2012 年与青年教师们在办公室

退居二线，我选择了不离单位、发挥余热，应邀到学校产学研合作处负责科研管理工作。科研管理，对于我这个一直在做科研的人来说并不陌生，很快就进入了角色。在完成分管的科研管理任务的同时，仍加强自身学习研究，笔耕不辍。

在科研管理过程中，我还特别注重引导和指导青年老师的研究，帮助他们解决科研项目申报工作中的困难和论证技术问题。

2012 年作学术报告时中间休息

自履行正教授职责以来，公开发表学术论文 63 篇，出版学术著作及教材 5 部，承担完成市厅级以上课题 26 项，获得市厅级以上科研成果奖励25项。2004年被评为保定市拔尖人才，2010年评为2009—2010年度学生校外活动优秀指导老师。

科学研究上的进步，也让我成了小有名气的专家，受到主管部门的关注。2009年12月，应河北省建设厅的邀请，参加了由副省长主持召开的“河北省城镇面貌三年大变样工作”专家座谈会。会上，省委领导对参加会议的专家作了一一介绍，并要求大家各抒己见，对河北省城镇建设“三年大变样”工作部署提出具体意见。

2009年参加河北省政府领导主持召开的专家座谈会

省内外专家们畅所欲言，我作为全省高校系统三位专家之一，也作了主题发言。就2010年全省规划城建投融资问题谈了自己的看法，为政府建言献策，提出了金融支持策略，得到了省政府领导的赞同。

2009年7月在承德参加科研工作会议

在高校工作40年，我一直坚持“以教学带科研，以科研促教学”的原则，教学科研获得双赢，一步一个脚印地走到了正厅级的专业技术岗位上。这一过程，也让我深深体会到了科研人的艰辛和快乐。

1979 年 · 保定

班主任工作

——我和我的学生们

在被业界誉为“金融人才摇篮”的这所学校里，我先后担任过四届班主任，经历了十年半的时间。除了这四个班的同学之外，我还有许多与我亲密无间的学生，对每一位同学，我都倾注了深情和爱心。

教书育人几十年，我和我的学生们建立起了深厚的感情，在我们之间发生过许许多多感人的故事。

一、我和 1979 级财税十四班的同学们

河北财金学校七九级财税十四班毕业照

最早做班主任工作是 1980 年，当时接任的是七九级的财税十四班。从当这个班的班主任第一天开始，我和同学们就生活在了一起，早上我们一起跑操，晚

2013年与七九级财税十四班同学在邢台聚会

上一起上自习课或者聊天。那个时候，我住在单身宿舍楼里，有好多同学都去过那间小屋。

当时，我大学刚毕业不久，同学们则是恢复高考不久考入大学。我们是同龄人，都下过乡、种过地，有着共同的理想和目标追求。所以，大家聚在一起无话不谈，在相处一年多的时间里，结下了深厚的友谊。

1981年，我儿子出生，团支部书记高茹阁和学习委员张学媛，代表同学们给孩子送来了一只陶瓷大公鸡，祝他长命百岁。这只大公鸡我至今还一直保存着。

在我担任这个班的班主任不久，有位年龄最小的张同学对我说："老师，最近我的牙总是出血，也不知道怎么回事儿。"我说："明天我带你去医院看看。"第二天，我带他来到了河北省第二医院，挂号检查后，医生问："你是家长？""不是，我是他的班主任老师。"大夫说："叫他家长来吧，这孩子可能是得了败血症，需要马上住院治疗。"听后我心情很沉重，二话没说，回到家拿出自己的积蓄，又从学校借了一部分钱，送到医院，帮助办理完住院手续后，通知了他的家长。

为了给这个学生治病，班里的同学们多次捐款，我们共同献上了一份爱心，学校也拿出几万元的现金资助，但是对解决昂贵的医疗费用仍是杯水车薪。

孩子的病情对于这个本来就很贫困的家庭来说，更是雪上加霜，住了一段时间的医院后，学生家长不得不做出放弃治疗的决定。在送他们回家时，我强忍着心酸，安慰他回家好好休养，争取早日康复，回学校上课。

这个班的学生素质都很高，毕业后大部分同学分配到了财税金融系统，有几位分到了政府机关，还有的同学后来下海经商。不管在哪个行业，同学们都干出了一番事业，在各自的工作岗位上，奋发有为。

1998 年，我们曾经到过西柏坡聚会，接受红色教育，学习了解党的历史，缅怀革命前辈。在西柏坡，同学们为我送上一大捧鲜花，表示敬意。

2011 年，毕业三十周年之际，同学们返回母校。东道主刘长海及班委会的同学们周密策划，举办了隆重的仪式和晚会，并参观了直隶总督署和莲花池。那天，我特意买来对虾，款待回家的同学们。

2011 年七九级财税十四班同学回母校时与院长陈尊厚（二排右四）、学院党委副书记王桂云（二排左四）及当年的任课老师们的合影

2013 年，我们来到邢台市聚

2016年与财税十四班同学们在唐山聚会

会，张景昱同学代表大家挥笔写下“海山同谊”几个大字，全体同学签名赠送于我。

2016年，我们在唐山市欢聚一堂，参观了赏心悦目的花卉世博园。返回时，迁西的同学唐保东为我装满板栗、核桃等当地的土特产。

2017年，我们来到张家口塞北的坝上草原，领略大自然风光。所到之处，当地的同学都盛情款待，张景昱、郑若峰全程安排食宿；当年的学生干部们精心策划组织了多种形式的联欢活动，留下了许许多多美好的回忆。

现在，大部分同学已经退休，但仍有几位年龄小的还在工作岗位，如李树平同学已是厅级领导干部，去年还在张北最艰苦的农村任第一书记；王奇同学毕业不久就开始创业，后来把酒店和餐饮业开到了美国，现在已是小有名气的房地产开发商。

这个班的同学才华横溢，具备书法、绘画、写作、吹拉弹唱等特长的同学应有尽有。如今，刘长海同学画的八骏图，在许多重要场所陈列或馆藏；张景昱、米新的书法，被刻入景区石碑或在展览馆展出，芳名流传；高茹阁、李健力同学的诗集出版发行，为社会留下精神食粮……

如今，我们大家天天聚在群里聊天、问候、找乐。姜树君、闫丽茹同学每天清晨送上一份祝福，给大家带来温暖；张国兴同学时常录制一段样板戏或歌曲，为大家助兴；黄振平、米新同学出口成章，抒发情感，欢乐融融；闫绍龙、王荣娟同学时刻关注群里的动态，牢牢掌握正确的政治方向……

二、我和1988级城市金融一班的同学们

第二次当班主任，是在学校升大专以后，当时，我已是金融专业课老师，带的是八八级城市金融一班。在这以后的几届班主任工作中，我都与金融一班有缘。

八八级城市金融一班的学生们虽然比我小得多，但是我们之间没有任何代沟，相处十分融洽。

班长刘增甫是位憨厚朴实、责任心极强的学生干部，他上

保定金专八八级城市金融一班毕业照

2002 年与八八级城金一班的同学们在学校聚会

传下达，为同学服务从不计较个人得失，人品也相当棒，在同学们中间有很高的威望；团支部书记是一位高个子美女，她思想品德好、觉悟高，积极主动地带领共青团员开展各项活动；学习委员则是位聪明能干、积极向上的才女，她人品好，学习更好；其他学生干部也都配备得不错，工作干得十分出色。

班团干部团结一心，班里的各项活动开展得有声有色，班集体的各种荣誉和获奖证书挂满了墙。看着班里的各种荣誉，我这个班主任自然是由衷地高兴。

然而，当班主任最怕学生们生病住院，因为家长不在身边，生病住院了需要人照顾。对此同学们责无旁贷，有时候一去就是十几个人。我们当班主任的也不能总待在医院里，但是在学生最困难的时候，我们肯定守候在他们身边。

当时，这个班里的一位同学得了肝炎，大家都清楚是传染病。为了避免传染，我给他们调整了宿舍，其中两名同学自告奋勇留下照顾生病的同学，这让我很受感动。治疗期间，我多次来到医院看望，陪同聊天，安慰他好好配合治疗，争取早日康复回班里上课。现在，这位充满朝气和活力的同学，早已是某省会城市中国工商银行的副行长。

在当班主任期间，我还特别注重对学生干部的思想教育和培养，使他们树立坚定的理想信念。当时，常听班长刘增甫对同学们讲：“刘老师的党龄差不多和我们的年龄一样长。”的确，我入党时间比他们的出生时间晚不了几年，所以要求他们也比较严格。

积极为同学们争取就业机会是我当班主任的职责。1991 届毕业生分配方案中，金融系有一个中国人民银行总行指标，但不要女生。当时，我积极征得系领导同意，推荐了八八级城市金融一班的一个女生参与竞争，通过严格的面试和笔试后，这位女生在全系各班推荐出的学生中脱颖而出，被中国人民银行总行破例录用。

这位分配到中国人民银行总行的学生——当年的学习委员张捷，现在早已经是货币金银局综合处的处长。

刘增甫，现任中国银联天津分公司副总经理。直到今天，增甫仍然是班里的核心，安排聚会，组织出游，都离不开他。为了这个班集体，他出钱出力，真

2016 年与八八级城金一班同学在西柏坡接受红色教育

2016年与八八级城金一班的同学在班长刘增甫家中相聚

心实意地为大家付出。

最让我感动的是，他对工作的那份执着、热情以及任劳任怨的精神。刚毕业的时候，他在银行的储蓄部门工作，点票子把手指磨起了厚厚的茧，当时刘增甫对我说，经他点过的人民币，一列火车都拉不完。

孙晨光，是位才女，也是毕业后最早被提拔的处级干部之一，她一直在工商银行从事信贷管理工作，现任工行河北省分行正处级信贷审批人。

张振国，最有才华，事业和爱情双赢。毕业后，这位石家庄的姑爷，随女朋友朱清（我们班的美女）来到石家庄，凭着自己的才华，很快就被提拔到了领导岗位，而且步步高升，成为进步最快、级别最高的同学，现在是民生银行的主要领导之一。

杨辉平，在中国人民银行石家庄中心支行工作，是我打扰最多的学生。当年，我在金融系工作，经常到省人民银行学习取经，每逢我来到石家庄中心支行，首先要找的就是杨辉平。过去，我习惯叫他“杨子”，现在，他已是金融稳定处的处长，当着员工的面，我只能改口叫辉平。

边拥军，宁夏银行西塔支行行长。2019年，我来到宁夏，他安排好工作，叫上同班同学傅冬梅，让他的儿子开车，陪我转遍了宁夏周边的名胜古迹，品尝了最纯正的宁夏风味小吃。

金文然，上学时还是一位文弱的女孩儿，现在已是河北银行沧州分行风险管理部的总经理。这个农村来的孩子聪明朴实，快毕业了，马上能够挣钱养活自己，她打心眼里高兴，每天笑眯眯地期盼着这一天快点到来。可是，就在这一天到来的时候，她走在校门口不小心碰倒了一位过路人，这位过路人住进了医院，金文然随之陪同。我也常到医院来看望，见了面，文然哭得像个泪人似的，没有别的办法，我只能劝她耐心等待，事情

上左图边拥军（前右），右图陈彦军（右一）、蔡建荣（右二）；下左图傅冬梅（后右一），右图师建华（后左）、郭丽（后右）

总会过去。

郭丽、师建华，二位同学毕业后双双去了甘肃，为祖国的大西北奉献了青春年华。2019 年，师建华听说我来到了甘肃，从几百公里外的县城赶回兰州，当他们夫妻俩提着给我送来的晚餐，赶到火车站时，我已经过了安检。隔着栏杆，我满怀激动的心情，接过他们送上的兰州特色小吃，与他们合影留念。郭丽现任甘肃银行计划财务部总经理，师建华现任工商银行甘肃省分行工会办公室主任。

三、我和 1992 级金融一班的同学们

送走了八八级城金一班，迎来了九二级金融一班，我成了新一届的班主任。

为了不断提高班主任的思想素质和工作能力，学校和中国人民银行总行教育司会定期组织班主任进行培训和理论研讨会议。

1992 年暑假，金融系党支部派我到山东石岛参加由中国人民银行总行教育司，组织召开的行属院校班主任及政治思想工作会议。这一天，我们来到了祖国的东海岸，我坐在沙滩上眺望无边无际的大海，突然听到身后有人喊，“看！那是什么？”我侧身回头，被同事抓拍了这张照片。

1992 年在山东石岛参加人行总行召开的会议

会议结束后，我带着人行总行教育司的指示精神，回到了学校，安排九二

级金融一班的工作，把上级主管部门的指示精神及时落实到位。

1995 年保定金专九二级金融一班毕业照

1996 年九二级金融一班同学毕业一周年在我家里相聚

九二级金融一班的两位班长都非常能干，一个直言快语，踏踏实实，乐于奉献；一个思想细腻，善于沟通，政治素质很高。选对了学生干部，班主任工作就等于完成了一半，这个班的各项工作也都走在了前面。

积极组织引导学生靠近党组织，是我的日常工作。我作为一名老党员，在这个班里发展了两名新党员，除此之外，还培养了一大批入党积极分子，并主动介绍其他班级的进步同学入党。在政治思想工作中，我把树立正确的人生价值观以及指导就业融入其中，深得同学们敬重。

九二级金融一班的同学们在毕业以后的第二年就返回学校相聚，提前到的同学首先来到了我的家中，我们一起畅谈毕业一年后的工作和生活，互相倾诉彼此之间的思念。随后，我留他们吃饭，当时在我的家里，拍了上面这张合影。

关心学生的学习和生活是班主任的职责，我自认为在这方面是做得比较好的。有一天，班长对我说，班里的周同学家庭条件非常差，每天连饭都不敢吃饱。我知道这个学生家境不好，但却不知道他的生活如此艰苦，于是来到了他的宿舍看望，发现他的被褥非常单薄。90年代初期，保定市冬天的天气还是很冷的，如此薄的被褥怎能挡得住风寒！当晚，我便从家里拿来一床厚厚的褥子给他铺上，并告诉他缺什么东西尽管对我讲。从那以后，我经常接济他一些生活费用，并且不让他返还。

在刚开始不包分配的年代，我不止一次地帮同学们选择就业方向，争取分配名额，帮助指导他们就业。

1995年，大学应届毕业生不包分配的警钟刚刚敲响，上级下达到学校的分配指标少于应届毕业生人数。

这个班里有一位女生，学习踏实，成绩优秀，但性格内向，不善交际，从不多说一句话。

毕业分配那天，这位女生哭着找到我说，她没地方去了，分配名单中没有她，听后，我劝说她不要着急，并告诉她，学校领导正在积极地想办法，再等等看。

开始，大家都在焦急地等待着。同学们的心情高度紧张，情绪也不太稳定。此时，作为班主任老师，首要的职责是安抚同学。更重要的是做好思想工作，让他们耐心等待并主动开拓就业门路。我心里明白，只是安慰学生是不管用的，必须争取到更多的招聘指标，让同学们全部就业。为了达到这一目的，我开始深入到基层金融机构，为同学们联系工作单位，寻求就业市场，能推出一个是一个。

客观地讲，当时人民银行和各大商业银行招聘计划还是比较灵活的，学校领导以及老师们都在为同学们积极争取分配名额。在大家的共同努力下，这一届毕业生基本上都进了商业银行或其他的金融机构。那位开始没分配出去的女同学，也找到了比较理想的工作单位。

1995 年的分配工作的确是笼罩着紧张的气氛，但是最终还是实现了皆大欢喜。同学们全部就业，我这个班主任老师也实现了对大家的承诺。

杨丽是九二级金融一班的团支部书记，现任张家口银行石家庄分行风险管理部总经理。她学习优秀，思想进步，经我介绍加入了中国共产党。毕业后，为了事业和爱情与班长刘秉清双双远离家乡，去了河北省最艰苦的地区——张家口。1997 年，我到张家口讲课时抽空去看她，当时杨丽对我说，想调回保定老家多陪陪父母。但是，他们刚调回来不久，刘秉清又因工作需要返回了张家口去开辟新的金融市场。现在，身为华夏银行张家口分行行长的刘秉清，依然与家人聚少离多。

1995 年与九二级金融一班包蕾同学在校园合影

九二级金融一班孙晓光、刘秉清两位班长，现在仍旧是我的骄傲。孙晓光是同学们中最优秀的，从河北应聘到北京，现任中国民生银行发展规划部副总经理。其他同学干得也都不错，如平曼，现任中国人民保险总公司财险人力资源部总经理；包蕾，现任光大集团文旅健康事业部副总裁；王锰，现任中国建设银行承德市分行副行长；韦伟，现任东吴基金营销总监；孙立元，现任保定市某税务局科长；蔡建荣，现任农行甘肃省分行信贷审批部总经理……

下面的两张照片，是 2018 年我借一次机会去内蒙古呼市和同学们相聚的情景。那天，我乘坐火车来到呼市，首先通知了罗楠。她挂断电话就开车赶到了我的住处，把我接上，在呼市游玩了半天，晚上又召集了所有的同学为我接风洗尘。

我的内蒙古学生比较多，有李卫平、于疆雁、郭宁、肖建忠、包蕾、韦伟、丁彬彬、王念宁、罗楠，等等。那天还来了几位其他班的同学，把一个大餐厅挤得满满的。离开呼市时，女同学们为我送来内蒙古的羊绒围巾，男同学送上牛肉干和各种奶制品，工作在包头的王炜因为路途远不能前来看望，就把

2018 年在呼和浩特市与过去的学生们相聚

2018 年与九二级金融一班罗楠同学在呼和浩特市合影留念

自己的墨宝连同精心选购的礼物，直接邮到了北京。望着一大堆同学们送来的礼物，这份情我会一一装在心里。

四、我和1995级金融一班的同学们

1995年，我又迎来了九五级金融一班，开始担任这个班的班主任。

这个班的班长是学校一位老同志的孩子，他没让我们失望，把这个班团结得像一块铁板。同学们学习积极向上，各种活动齐心协力，常常得到系里的表彰。

每逢元旦和重要节假日，我和班长以及保定市的其他同学，分别从家里拿来面板、刀具等，50来个人一起包饺子。饺子包好了端到食堂煮熟，一大盆一大盆的水饺摆在教室里的课桌上，同学们边吃边说笑、边唱歌边游戏，开心极了。生活在这样一个团结友爱、积极向上的大家庭里，我和同学们都快乐无比。

在这个班里，我培养发展了三名党员，全班同学都有理想、有抱负，积极追求党组织，这也让我很欣慰。由于团干部

1998年保定金专九五级金融一班毕业照

的努力工作，以及全班同学的紧密配合，九五级金融一班的工作各方面都走在了前头。

1998 年，同学们光荣毕业，我也结束了班主任生涯。

2018 年，借一次去石家庄出

1996 年与金融一班同学一起出游

2015 年与九五级金融一班班长阴亮（左图）、窦兆普（右图）同学在千岛湖相聚

2018 年与九五级金融一班同学相聚千岛湖

差的机会，我来到当年的班长，现任保定银行石家庄分行行长、石家庄市人大代表的阴亮同学的办公室。他带我参观了他和他的员工们工作的场所，介绍了他们的工作业绩，让我感叹不已。临走时，阴亮给我带上礼物，用他的专车将我送到开会地点。

十几年润泽桃李，初心不变，这是我当班主任的真实写照。我的学生们在各条战线上，为中华民族的复兴大业奉献着自己的力量，全部成长为业务骨干、行业精英，我这个班主任老师深感欣慰和自豪。

五、我和其他班级的同学们

在金融系的学生干部当中，经我介绍入党的同学不少，他们都非常优秀，走向社会之后也干得十分出色，魏文平、卢钦、马彦平、李建树、吕红兵、薛国庆、张连凯等就是其中的几位。他们都是当年我教过的学生，有的同学是我介绍入党的中共党员，有些同学的毕业论文是我指导的。有这层关系，来往更加密切，多年来我们一直保持着联系。

魏文平，河北银行学校保险一班学生。1982 年，我教他们班的数学课，虽然不是班主任，但与这个班的很多同学都十分亲近，尤其是班里的女生，有什么心里话都对我说。魏文平是班里男生中最健谈的一位，而且是读书学习非常刻苦的同学之一，课堂上弄不明白的问题，就跑到我的家里去问，谈完数学课中的疑难问题，我会留他一起包饺子。

毕业了，魏文平分到中国人民保险公司河北省分公司，我每到石家庄，他都会给我准备一份纪念品。有一次，我在石家庄工商银行干校讲课，他听说后来看我，与工行系统这个行长班的同学们聊得海阔天空。

魏文平知识渊博，尤其是经典理论讲得十分精彩。中专毕业，他破例考取了西北大学经济系硕士研究生，三年脱产学习受过真传，保险理论功底深厚，实践经验丰富，这促使他后来在保险行业自主创业。2013 年我到深圳，他和他的爱人冒着大雨将我接到家中，热情款待。

2016 年保险一班的同学们在石家庄聚会，我和当年担任过课的老师们应邀参加聚会，大家居住在石家庄市植物园的宾馆里，欢聚一堂。

卢钦，河北银校 38 班同学，毕业分配到中国人民银行保定分行工作，现任中国人民银行石家庄中心支行副行长、河北省外汇管理局副局长。

2000 年以前，我经常到保定人行看文件、查资料，每次去都会受到卢钦的热情接待。一个偶然的机会，他还带我游览参观了白洋淀，留下许多美好的回忆。我儿子结婚，卢钦专程送上一份心意，表示祝贺。

吕红兵，九〇级城市金融一班班长，金融系学生会主席。吕红兵是最优秀的学生干部之一。他做事细心认真，对系里布置的工作全身心投入，创造性地开展工作，引起了我的关注，后来培养介绍他加入了中国共产党。

1994 年与九〇级城金一班吕红兵在济南市趵突泉

记得上学时，他每逢走进金融系办公室，首先查看暖壶里有没有水，地面该不该打扫，干完活儿后才开始谈工作。吕红兵在金融系学生会工作期间，各项活动开展得有声有色。

1994 年，我借一次去江苏招生的机会，中途在济南下车，吕红兵带我游览了趵突泉，品尝了山东各种海鲜。我也算是海边人，吃海鲜长大，但是没有见过如此品种繁多的海贝。

2020 年与王孔林（左）、吕红兵、（中）、窦兆普（右）在济南相聚

后来，吕红兵跳槽去了一家房地产公司，从此我与他断了联系。2017 年，九〇级城金一班邀请我参加他们班的同学聚会，进了会场，一个熟悉的面孔站在我的面前——吕红兵，这真是给了我一个极大的惊喜！

去年，我又一次专程去济南，他接上我再次来到了趵突泉……

2020 年薛国庆生活照

薛国庆，九〇级城金一班团支部书记，和吕红兵是好搭档。他文质彬彬，性格内向，工作起来有条不紊，我也非常欣赏，同时也介绍他加入了党组织。

毕业数年后，有一次我到石家庄河北银联，在刘增甫办公室遇到了薛国庆，这让我喜出望外，断了几年的风筝线，终于也接上了。后来，薛国庆被调到河北银联保定业务部担任副总经理（主持工作），我们联系更加方便、密切。

马彦平、王金超，他们俩都曾经是系里的学生会主席，这两位师兄弟来学校读书的时间相隔了十多年，但对学校都充满着感恩。

马彦平，政治思想觉悟高，业务工作能力强，在学校时就表现出了强劲的发展潜能，尤其是他的专业基础打得很牢固。虽然说我是他的论文指导老师，但在指导论文写作方面，没用我花费更多的时间和精力，论文答辩顺利过关，而且取得了优秀成绩。毕业后，马彦平依然坚持读书学习，追求卓越，获得南开大学产业经济学博士学位。他曾经是人行天津大区分行最年轻的正处级领导干部，现任渤海证券股份有限公司行政总监。

王金超，后来在云南民族大学工商管理专业攻读硕士，现任廊坊银行天津分行河北支行行长。在学校的时候，王金超工作积极、热情高涨。被选为会计系学生会主席之后，他对我说："上中学时当了三年的班长，到保定金融高等专科学校升了一级，当了学生会主席。"听了这话，我这个当老师的也为他高兴。

2019 年与曾经的学生会主席马彦平（中）、王金超（后）在天津相聚

有一次，王金超生病了，我去看他，走在医院的电梯里，正碰上会计系书记刘丽老师，她也是上楼去看王金超的。从刘丽老师的言谈话

语中，我听得出王金超是个非常优秀的学生会主席。多年后，会计系的领导和老师们，还经常和我提起当年那个懂事能干的王金超，我这个当表姑的听了，自然也为他感到光荣。

2012年，王金超、陈斌斌等同学代表2003级国际会计二班同学，为母校赠送了一块精美的汉白玉石，刻上“尚行”二字，专程从天津赶来，亲手将这块玉石栽下。

李建树，是九二级金融二班的团支书。我虽然不是他的班主任老师，但是教过他们班的银行信贷管理课程，他也算得上是亲学生。由于这个同学性格好、学习好，我对他有些偏爱，经常在一起谈学习、谈理想、谈人生。

1995年6月份的一天下午，我来到校园里，建树同学老远就把我叫住，他面临分配择业，想听听我的意见，问我去哪家银行好。我认真地想了想，非常负责任地回答了他的问题。告诉他，看你的志向，如果去人民银行，将来在业务上发展空间不大，要争取当领导；去商业银行可以干业务，现在是非常受人欢迎和尊重的工作，但不知以后怎样。究竟去哪儿，要跟着自己的感觉走，还要服从学校分配。话说到这里，我相信他会根据自己的兴趣和爱好做出选择。

1994年李健树（后左一）与金融系领导、班主任老师和其他班干部合影留念

由于李建树喜欢干业务，分配到了石家庄城市信用社。后来，依靠自己的不懈努力和良好的个人修养和素质，不断进步升职，曾任石家庄市商业银行支行行长，汇融农村合作银行行长助理，河北银行张家口分行行长，中国光大银行石家庄分行保定业务发展部总经理，河北银行石家庄分行行长、党委书记等职。最近他再次来到保定，肩负起了保定银行的全面工作，任保定银行党委书记兼董事长。

多年来，建树与我一直保持着联系，无论是我去石家庄，还是他来保定，都会见面相会，畅谈工作和生活，相互分享快乐。

张连凯，沧州的老乡，也是九二级金融二班学生，毕业后分配到了中国人民银行沧州分行。几年后成了单位出色的业务骨干和笔杆子。前几年，他到东光县支行任副行长，现任人行沧州中心支行调统科副科长。

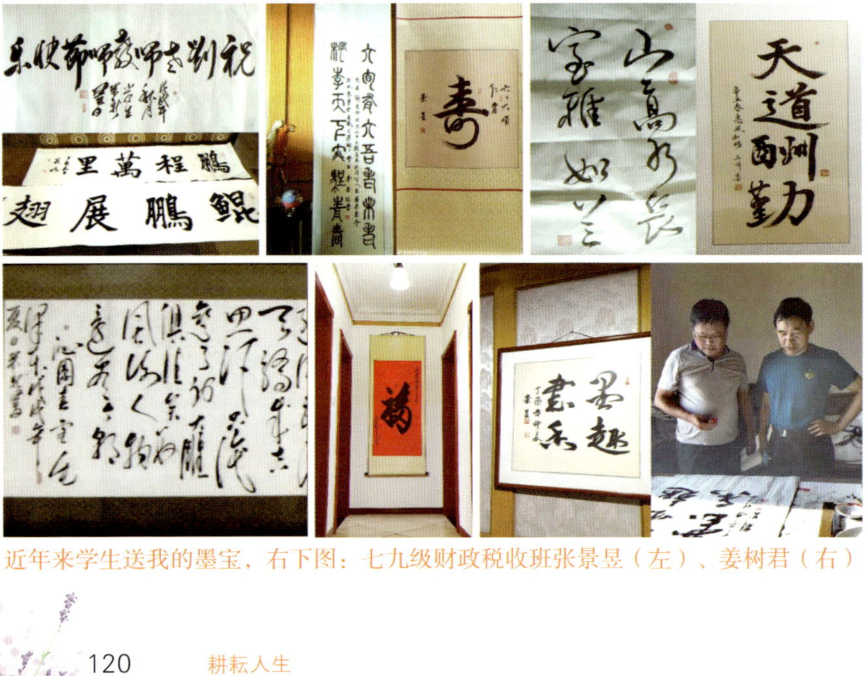

近年来学生送我的墨宝，右下图：七九级财政税收班张景昱（左）、姜树君（右）

连凯重感情，为人忠厚，每次我来到沧州人民银行，他都会跑前跑后、远接近迎，对我关心备至。

还有一位我不曾教过而且记不起名字的女生。1988 年，我与她在秦皇岛海边相遇，迄今为止再没见过，但是，当时我俩的一张合影永远留在了记忆中。

那一年，我去秦皇岛开会。到达开会地点后，我来到了海边，走着走着，遇见了一位身穿黄色夹克的女孩。她上前与我打了个招呼转身离开，我紧走两步，问："姑娘，你一个人吗？"她说："是的，您从哪来？""保定"，我回答她。"是吗？我也是刚从保定来的。""你是保定人？""不是，我在保定金专读书。"听了她的话，我更兴奋了，随口道："太巧了，我是保定金专的老师……"之后所发生的事情可想而知。

这位同学告诉我，她是保定金专八六级金融专业学生，来秦皇岛实习。这位同学见了我就如同回到了学校，激动得不得了，我们相互拉着手在海边走着，脚下踩着潮湿松软的细沙，望着波涛汹涌的大海，心潮起伏……

1988 年与八六级学生在秦皇岛的合影

一阵海风吹来，同学把自己身上的黄夹克脱下来给我披上；我打开背包，拿出一件连衣裙让她穿。之后，我俩手挽着手，来到了一家摄影棚，照相的师傅帮我们照了这张合影。

现在，尽管我想不起这位同学叫什么名字，但是有这张照片，我相信一定能够在金融系统找到她。

六、与我无缘的考生

在当班主任的岁月里，我曾多次到各地招生，由于招生时需要面试，所以有些学生在入学之前我们就认识了，还有一些考生与我无缘，虽然填报了我们学校的志愿，但未能被录取，留下了遗憾。

凡是我招来的学生都有些印象，但记忆最深的是一位没有被我录取的考生，他叫什么名字我已不记得，但是他身残志坚的精神，我永远不会忘记。

这位考生曾两次报考我们学校，档案我都亲眼看过，出于为他着想，当然也是对我自己工作的负责任，我都没有录取他。现在回想起来，仍觉得对不住这位沧州老家的考生。

第一年，他的分数不算太高，再加上他的身体残疾，我考虑他不方便在银行柜台前工作，就没有录取他。第二年，他的分数是报考学生中最高的，而且考试总分数已超过本科线，数学几乎是满分，如果上了我们这所中专学校，实在是有些可惜。

当时，我拿着他那份沉甸甸的档案，从心底里想把这位学生收下，但又一想，他最适合到综合大学的数学系就读，将来完全可以成为一名数学家。因此，我还是决定不予录取，并且向沧州地区招生办公室建议，让这个考生再复读一年，等待明年综合性大学的招生。

在下一年的高考中，他以优异成绩被河北大学数学系录取。听到这个消息，我虽然不再自责，但仍旧关注着他的成长。

1993 年 · 衡水

成人教育

20 世纪 90 年代，学校与各地农村信用社和商业银行合作，承办了多种形式的成人教育培训班，无疑加重了专业课老师的授课负担。金融系专职教师们，都要承担相当数量的成人教育授课任务，我自然也不例外。

学校成人教育的授课地点分布在华北各地，尤其是河北省，所有的地区都设有函授站。每到学期末，就是函授站开学的时间，成人教育管理部门会组织学校任课教师，到各函授站集中授课。

我作为国内金融教研室主任，在安排成教的授课任务时，首先让其他老师挑，最后剩下的由我全部包揽。

那几年，在不影响校内正常教学工作的情况下，我曾经到过内蒙古呼和浩特市以及河北省的所有地区授课，有的地区甚至去过四五次，为数以万计的在职学员讲授过三四门课程，还有一些专题讲座。

记得有一次，我去邯郸函授站授课，讲完后连夜返回保定，晚上还要给本校学生补课。当我来到学校教学楼前时，由于晕车和过度劳累，头疼剧烈，恶心呕吐。我强忍着，坚持走上了讲台，几分钟的开场白以后，一切不适和疲劳全都消失了，把课堂推向一个个高潮。次日，又去了另一个地区的函授站。

课间休息时，我与同学们聊起此事，他们问我："刘老师，您这种精神力量是哪来的？"我想了想回答："一是来自于年轻强健的体魄，一是来自于对事业的执着和热爱。"

成人教育对教师的要求很高，备课和授课的难度都要比在学校里讲课大得多。为此，我时常告诫自己，外出授课不是代表自己，而是代表学校，授课效果的好坏直接影响着学校的声誉，所以不能有丝毫的马虎大意。

每次外出讲课之前，我都要集中精力和时间，把三天讲授的内容全部备好，并准备一些疑难和热点问题让学生思考讨论。同时，还要结合自己正在研究和已经研究过的相关理论前沿问题，给学生们讲解，启发他们进行深入思考，把所学知识融会贯通，牢固掌握课程的基本知识点。

成人教育的学员，大多数是银行业务骨干和基层领导，他们有较高的思想素质和业务素质，所以，在给他们上课时不能

1999 年与函授大专九七级石家庄班在职学员合影

1995 年与内蒙古人行专业证书班在职学员的合影

照本宣科，尤其是我讲的业务课，更要注重理论联系实际，结合实践中的问题解析管理理论，促使学员更好地理解掌握金融业务管理的基本理论、基本方法和基本技能。

通常情况下，成人教育的考试是按照教材出题，因此必须要求学生很好地把握“三基”内容，确保考出好成绩，正常毕业。

为成人教育上课虽然要求高、难度大，但也有好的一面。通过和广大干部学员接触，可以从他们身上学到一些书本上学不到的知识，比如银行经营管理中的现实问题、分析思考和解决问题的方法、对社会现象和银行存在问题的认识角度等，甚至连同他们的为人处世，也是我学习的内容。

总之，从在职干部学员身上，我学到了一些鲜活的东西，吸取了他们不少的优点。特别是通过业务和思想上的交流，弥补了因长期待在学校而造成的信息不对称的缺陷，与此同时，也建立了良好的社会交往和人际关系。

在一个初冬季节，我来到了内蒙古呼市讲课，三天紧张的教学工作与主办单位领导及同学们相互认识了解后，建立起了良好关系。11 月的天气，这里已是零下 20 多摄氏度，但内蒙古人热情待客的场面，让我感受到的是温暖。授课结束后，银行的领导和学员们为我举行隆重的欢送会，我的学生们（学校全日制毕业生）也来了。

1993 年与中国工商银行秦皇岛分行单惠娥处长合影

那天晚上，在一个不起眼的招待所里，灯火辉煌，大家围坐在散发着浓浓香味儿的涮锅旁，大碗喝酒，大口吃肉，也有同学载歌载舞相互助兴。函授站的同学们为我端上大半碗白酒，我的学生们走上前来嘘寒问暖，主办单位的领导送来当地特产，一再叮嘱我以后常来。

第二天返程时，我的大包小包装得鼓鼓的，全是内蒙古人的挚诚和厚爱。

外出讲课，还给我留下了惊险的一幕。

1993 年与工商银行沧州分行房地产信贷部李淑贞主任合影

那是一个烈日炎炎的夏天，刚刚吃过午饭，衡水站来接我上课的车子已经停在楼下。上了车，我们一路奔驰来到了距衡水市约 25 公里的地方，突然，一辆三轮车从左侧横冲而来，司机急速躲闪，汽车和三轮车还是撞到了一起。随着一声闷响，我的身体被高高颠起，头部直冲车顶，瞬间被车身顶部碰了个大包，一阵麻木过后，随之而来的是剧烈的疼痛。司机回头见我没大事儿，连忙下车查看险情……

第二天下起了大雾，我的头部肿包还没有完全消去，仍在一阵阵作痛，我强迫自己镇静下来，按时来到了教室里，发现学员不到三分之一。

函授站的负责人对我说："今天大雾，有好多人还在路上，由于能见度低，有几辆车出了事故，今天的课就不上了吧？"听到对方说到"事故"两个字，我本来刚刚调整好的心情又惊恐了起来。在这种情况下，停课是合情合理的，但是考虑到教学任务必须按时完成和现实状况，决定推迟一小时上课。

那天少讲了一节课，不知道学校领导是怎么知道的，批评我不按时上课出了教学事故。然而领导哪里知道，我在去往衡水函授站的路上，死里逃生，因为没及时看医生，还留下了脑震荡后遗症。领导只知其一却不知其二，让我感到了委屈。这件事至今想起来仍旧害怕和心酸，那惊险的一幕在我脑海里很长时间无法抹掉。

不过，给成人教育授课，留给我更多的是美好的回忆。前两天翻出一张照片，是学校领导和任课老师们与工商银行河北省支行长培训班全体同学的合影。这个班在石家庄举办，那天同学们专程来到学校看望学校领导和老师，留下了这张合照。

我给这个班授课 20 多天，与他们建立了非常深的友谊。在石家庄工行干校，我和学员们同吃同住同学习。课余时间，我们一起散步或到附近的地里挖野菜，洗净烫熟拌好后大家一起分享；停电了，他们给我送来蜡烛和火柴，点燃蜡烛陪我聊天；

1990 年与工商银行高等教育专业证书班在职学员合影

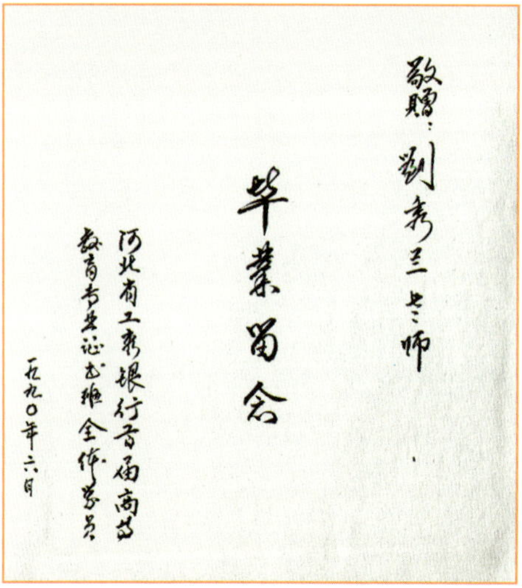

1990 年工行专业证书班邓亚利行长书写

大课间休息，我们一起打球、做操，到院子里锻炼身体。

在这个班里，我是老师但岁数比他们小，他们是学员而级别比我高。我们相互学习，如同兄弟姐妹。毕业时，学员们赠送给我一本精美的相册，任丘市的邓亚利行长写上清秀的文字，留作纪念。

为成人教育授课时，还有一件开心的事。有一段时间，我经常与负责教务管理的张金江老师一起到函授站讲课。张老师写一手漂亮字，人品更是没得说。我俩每逢一起外出授课，都会合作撰写一篇论文发表。一般情况下，在出发前我会构思并打好论文草稿，晚上有空时拿出来修改，之后交给张金江老师抄写。

1993 年在秦皇岛野生动物园

张老师的字迹秀丽而刚毅，字里行间透着一股霸气，这给我的文章增添了不少色彩。单凭这秀丽洒脱的文字，足以让编辑同志欣赏有加，所以投出去的稿子命中率相当的高。

1993 年与参加河北省工商银行信贷会议的姐妹们的合影

回忆自己从教几十年，为金融教育事业奋笔疾书，在高等教育及行业培训的讲坛上付出了毕生精力，培养出了一批又一批经济金融高端人才，这其中包括全日制大学毕业生和金融机构的在职干部员工。我个人的社会影响力，也因此而得到不断提升。

现如今，无论走到哪里的金融机构，都会遇到我教过的学生。

教学督导

2001年·保定

在大学校园里，一般都活跃着一支教学督导队伍，他们中的大多数人都是本校的退休老教师，有着一定的资历和教学经验。而我则来自于教学一线，是一名较年轻的专职教学督导员。

2000年，我在担任了八年正科级教研室主任之后，被调到学校教务处负责教学督导工作。

教学督导从狭义上讲，就是督促指导老师们讲好课。对我而言，这是一项全新的工作，上任之后，开始给自己重新定位，制定工作目标。

专职教学督导岗是学校新增设的教学管理岗，领导安排我到此工作，事先我并没有心理准备，因此也没引起足够的重视。心想，教学督导无非就是听课、座谈、反馈意见，指导青年老师如何讲好课等，没有什么难的，一定能够干好。但工作了一段时间之后，才体会到该项工作的难度和需具备的个人素质。工作中，我也逐渐认识到了教学督导的重要意义以及督导员肩负的使命。

不断提高教学质量是学校发展的重要动力，学校领导非常重视。设立专职教学督导岗位的目的，就是要强化教学过程管理，创新工作机制，把教学质量提升到一个新水平。因此，不能墨守成规，要加强研究，不断开拓教学管理新局面，进而促进教学质量的全面提升。

2017 年在上海参加教学督导工作会议

认识到这一点，我与督导组的其他老师一起，首先召开各种层次的座谈会，认真听取广大干部职工对教学督导工作的意见。

2017 年与教育专家李志宏老师的合影

其次，外出学习取经。先后走访了河北农业大学、河北大学等驻保高校，而后又到中国农业大学、河北理工大学等外地高校进行调研。在中国农业大学，教务处领导组织本校教学督导员和我们一起座谈，介绍了他们的做法，为我们传经送宝；在河北理工大学，主管校长亲自出面，带我们到系里参观学习，并给我们提供了他们的教学督导制度汇编。

再次，建立符合本校特点的教学督导管理制度。在多方调研和吸取先进经验的基础上，我们也开始建立本校教学督导管理制度，制定规则，使教学督导工作规范化、制度化。

具体层面，一是实行全部听课制度，对所有任课教师都要例行听课检查，当面反馈意见。二是加强研究教学督导理论，学习借鉴国内外先进经验，走创新发展之路。三是注重督导员自身修养，坚持继续教育和学习，不断提高业务素质，进而提高督导质量。四是组织别开生面的学生座谈会、青年教师座谈会等，广泛听取意见和建议，不断改进督导方式。通过这些新举措，学校的教学督导工作取得了令人满意的成效。

在教学督导组工作期间，我与教务处的同志们和谐相处，齐心协力，团结一致；与督导组的老师们相互配合，共同努力，积极探索，把督导工作做实做细；与任课教师们真诚相待，互相学习，对于教学效果差或因特殊情况出现教学事故的老师，热心帮助，细心指导，做好耐心细致的思想工作。

有一天，我来到一位青年老师的课堂准备听课，他走上前来说道："昨晚失眠没睡好，讲得不好请多多包涵。"我随口回答："没事儿，你讲你的，我就是来学习学习。" 即使如此，他还是高度紧张，课讲得一塌糊涂。

随后，我把这位老师叫到办公室，没有批评，而是问："发生了什么事，有没有我可以帮忙的？如果有，我一定尽力。"他被我的一番话打动了，哭着说："对不起，刘老师，我昨天开车出了事故，心一直静不下来，没备好课，还请你多多体谅。"

2016 年在珠海参加教学督导工作会议

听到这里，我安慰他道："以后遇到这种特殊情况，可以请假或找人代课，不要硬撑着上课。你讲课状态不佳，督导员不满意是小事儿，但学生不满意则是大事。"并说："这次就当我没听，回去好好把课备好，找个时间补讲一次，我再去听课。"他听后破涕为笑，并保证此类事情以后绝对不会再发生。

对这件事我感触很深，我认为，督导员听课查出问题不是目的，而最终的目的是通过解决问题，促使老师们自觉树立敬业施教的工作态度和作风。

2016 年在河北金融学院教学督导办公室

在督导组工作三年多，我跑遍了所有的教室，检查了全体老师的授课内容和方式方法，直接参与了教学管理制度改革，帮助指导了许多的青年教师和授课效果较差的教师，也使我从中学到了很多东西。

教师们授课各有所长，博众人之长，补个体之短，是我们督导员的职责。通过听课反馈意见，我们把发现的优秀教师以及好的授课方法介绍给大家，让广大青年教师互相学习、共同进步，最终实现了全面提升教学质量的目的。

为了不断提升督导质量，在工作之余，我开始对教学督导理论进行研究，撰写发表的《教学督导理论与实践》获得了河北省教学成果三等奖、河北省教育科学研究优秀成果三等奖，《高职高专教学督导制度研究》获河北省高等教育科学研究优秀成果三等奖。同时，在教务处处长丁全忠老师的带领指导下，对高职高专院校学分制改革问题进行了思考，我们的研究成果荣获了河北省高等教育科学研究优秀成果二等奖。

时过境迁，学校经历了专升本过程，由保定金融高等专科学校更名为河北金融学院，升本之后的河北金融学院，驶入创办“金融特色经济类应用型优质本科大学”的快速发展轨道。

离开教学督导组的十年之后，我已经到了退休的年龄。

这一天，来到校长办公室，陈尊厚校长对我说，退休后仍要继续发挥余热，办完退休手续返聘你去教学质量监控中心，担任教学督导员。

从2004年离开教学督导组，到2014年再次回到教学督导岗位，整整过了十年。学校的教学督导队伍已今非昔比，当年的同伴已是教学质量管控中心主任，另有两位博士在这里负责教学质量监控工作，督导组成员以兼职为主，按几大学科设置。

2017年与南京审计大学负责教学督导工作的老师座谈

我这次回到教学督导岗位，自己的身份和学校的发展都发生了很大变化。学校专升本以后，在河北省高校中的声望进一步提升，我也已经成长为一名具有较高威望的二级教授。因此，更要继续发挥自己在基础学科、金融保险学科以及经济管理

2017年与南京审计大学教务处领导的合影

学科的优势，总结教学管理经验，做好全校的教学督导工作。

来到了教学质量监控中心，我和督导组的同志们建立了既督教又督学、还督管的“三位一体”的办学质量管控新机制，使教学督导工作不断迈上新台阶。

这次，在教学质量监控中心工作的近四年时间里，除日常的教学听课检查之外，还积极协助主任做一些专项调查研究。完成了教师对教学质量监控的满意度调查；学生对教学质量监控的满意度调查；试卷分析、学生毕业论文指导调查；教育教学监控指标体系的设计、调整和制度建设以及学分制改革等研究报告的撰写。

结合学校的发展，我又把研究视角转向了如何提高“新升本科院校办学质量”问题上来，通过专项调研，形成了自己颇具影响的理论观点。论文《新升本院校如何办好本科教育》荣获河北省教育科学研究优秀成果二等奖，《对新形势下高校人才培养问题的思考》荣获河北省高等教育科学研究成果二等奖。与此同时，积极参与学校组织的有奖征文活动。

在督导组工作期间，教学质量监控中心还经常组织我们外出学习，参加全国高校教育教学质量评价工作会议，学到了许多先进的教育理念和管理方式方法。

利用外出开会的机会，我们也曾到过许多大学调研学习，把兄弟院校的先进做法和管理经验引入本校，有效地促进了河北金融学院教学督导质量不断提升。

金融研究所

2005年·保定

金融研究所——一个工作枯燥但并不乏味的地方，我作为一名专职研究人员，在这里工作了将近四年。从开始建所，到走向正规，一个个刻骨铭心的日日夜夜，留下了许许多多难忘的记忆。

2003年，学校就酝酿着成立金融研究所，领导委派我书写关于成立金融研究所的申请报告。接到任务后，我首先查阅资料，了解其他高校的研究所，尤其是金融研究所建设发展情况，同时充分征求学校领导和老师们的意见和建议，在此基础上开始撰写申请报告。

报告从组建金融研究所的必要性、可行性等方面展开论述，详细列举了我校成立金融研究所的必要性和优势，恳请上级主管部门审批。

2004年初，金融研究所获批挂牌成立，从此，保定金融高等专科学校有了专门从事经济金融科学研究的机构和队伍。

领导开始确定金融研究所负责人时，我是唯一的人选，先是任命为副所长。那天，我来到新的办公地点，进入眼帘的是一个空荡荡的大房间，里面没有任何家具和电器，自己寻找办公用具，一切从零开始。

我来到办公楼后面存放破旧桌椅板凳的地方，翻开一堆乱木板，发现了一张带有侧柜的办公桌，似乎是哪位领导用过的——就是它了，叫来工人帮我抬走。路过一楼后勤处的时候，我发现门敞开着，里面放着四组绿色铁皮文件柜，“这几组柜子是谁的？”我在楼道里大声喊着。对面的房间里传出声音：“后勤处搬走了，这些东西不要了。”正好，随手把这几组柜子也捡了回来，随后又找了套简易旧沙发。

一切齐备，原单位教务处的同事郇枫老师搬起电脑和椅子，送我来到了金融研究所。从此，我的工作又翻开了新的一页。

2005 年暑期刚过，学校分配来了一位刚毕业的研究生。新来同事叫李巧莎，一位朴实温柔漂亮的姑娘，她的到来，给金融研究所注入了活力，我打心眼儿里高兴。

我喜欢和青年人在一起，因为和他们在一起朝夕相处，我也会变得年轻有朝气，而且，我还可以从他们身上学到新的理念和新的思维方式，同时，他们还能帮助我解决电脑操作中遇到的技术问题。

平时，我与巧莎在一起学习讨论研究，你一言我一语，相互碰撞火花，激发灵感。一篇文章的初稿完成后，我俩常常坐在一把椅子上，对着计算机屏幕一字一句地推敲、修改，直到双方都满意为止。有时候，我坐累了就站起来口述，让巧莎打字输入

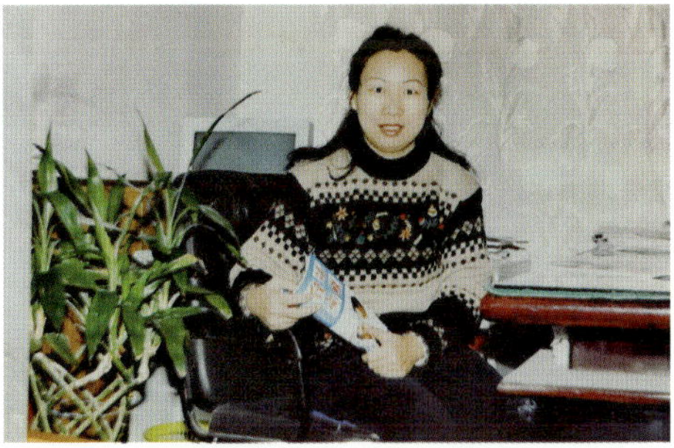

2004 年在金融研究所办公室

电脑。

李巧莎不愧是研究生，她不但文章写得好，思路清晰敏捷，而且打字的速度相当快，我刚说完一句话，她就几乎一字不落地全部打了出来。

有一段时间，我想写“中国银行改革目标机制与发展思路”，征求了巧莎的意见后，就开始查找资料，阅读前沿理论成果，到中国人民银行等金融机构调查了解情况等。

我首先撰写了一篇8000多字的理论文章，被《金融教学与研究》主编选中，发表在重点栏目内。后来以此为基础，申报了河北省哲学社会科学研究项目——“资本市场危机与重构金融体系”，其《论证活页》以前九名的分数通过了专家盲审，顺利获批立项。在该项目研究过程中，我夜以继日、深入思考，认真探索，撰写了多篇论文，其中有三篇发表在国家核心期刊上，以优秀等级结题。

金融研究所虽然是专门从事理论研究的单位，但有时候我们也承担学校委派的其他任务，做一些专题学术报告等。那些年，我经常应邀到系里开设专题讲座，传授金融热点理论问题和研究方法，具体指导学生的毕业设计和社会实践。

2007年与金融研究所李巧莎老师的合影

在金融研究所工作了一段时间之后，一位正处级干部在竞聘中落选，领导安排他暂时到研究所任所长，这使我失去了一次晋升的机会。其实，当不当这个所长丝毫不影响我的研究工作。当时，我的理论研究成果水平不断提高，成了学校科研工作的领头羊。后来，又来了新所长，我与新领导和睦相处，在之后的几年里，我们金融研究所的老师们团结一心，工作十分融洽。

2007 年与金融研究所周素彦所长（右）、李巧莎老师（左）在新校区的合影

2007 年下半年，学校升本工作到了白热化阶段，升本办委托我修订全校五个系八个专业的本科专业人才培养目标方案。接到任务后，我们连续奋战，赶在评估之前将修订好的材料交到了领导手上。

在修订本科专业人才培养目标方案的过程中，我与李巧莎老师通宵达旦，为了与各系里的办学思想保持一致，不断地进行回访、沟通，交换意见。定稿后，我一大早就来到了印刷厂的设计室，具体指导版面设计和排版工作，并现场校对。完成设计编排、校对工作后已经是晚上八点多了。我顾不上吃饭，连夜赶到了印刷厂。

深夜，我和印刷厂的工人们一起忙碌着，手脚冻得发麻，肚子饿得咕咕叫，此时才想起自己从昨天早上到现在，连一口水都没顾上喝。当时真是又冷又饿，一直坚持着……

凌晨三点半，我想到外面找点热水喝，来到门口处，正巧碰到了刚从外面进来的丁全忠、郭子忠二位老师。他们身穿棉大衣，双手抱着肩膀走了进来。看到学校升本办的领导，我似乎浑身又充满了力量，他们向我打着招呼，嘘寒问暖。我咽下一口唾沫，再也不觉得饥饿、劳累和寒冷。

这一天一夜没吃没喝，准时将两捆还散发着墨香味的材料，放到了学校领导面前。

2021年在河北金融学院牡丹亭

2006年在金融研究所办公室

在金融研究所工作期间，学习条件优越，有足够的时间学习充电、进行社会实践和调查，能够及时获取信息资料，研究成果的实效性、应用性增强。

2007年，我在离开金融研究所之前，重点研究了河北省沿海经济发展问题，为以后的课题申报工作作了铺垫。当时，我瞄准河北省经济发展重心，选择了沿海经济发展战略问题的研究，申报成功了省科技支撑计划重点项目。

为了做好这个项目，我先是来到唐山曹妃甸调研，走访港口建设部门，查看这里的地势地貌和发展规划蓝图。然后，到了黄骅港，开始了为期十天深入细致的调查工作。在黄骅港，通过走访调查，获取了大量沿海经济发展的第一手资料。

黄骅港是我国煤炭进出口大港，特大贸易港口建设规划正在实施之中。连接曹妃甸、天津港、黄骅港形成河北沿海经济隆起带的宏伟蓝图，在我的脑海里已经呈现。在我的心目中，未来的黄骅港作为龙头必将发挥举足轻重的作用。

2012年秋季，接到中国人民银行沧州中心支行的通知，邀请我参加由他们主办的“河北沿海经济发展与金融支持”理论研讨会。机会难得，我约上刘宾老师，来到了设在中国人民银行黄骅支行的会议现场。

会务组对我这位高校来的嘉宾非常重视，安排在主席台就座，同时，要求作大会主题发言。我走上主席台坐在了摆放桌牌的位置，刘宾老师代表河北金融学院上台演讲。

报告会结束了，会场大厅里的人纷纷从后门散去，但有几个人却向前走来。没等我走下台阶，几张熟悉的面孔已经来到我的面前，让我喜出望外。有中国工商银行黄骅支行副行长吕广仲、工商银行港口办事处主任孙治翰、人民银行调统科的李春庆。他们都是我的学生，走上前来与我这位久别了的老师握手、问候。此时此刻，在会议现场意外地遇到这么多我的亲学生，那才叫一个高兴。寒暄片刻，不容分说，他们请我和刘宾老师上了车。

2012年与黄骅工行校友吕广仲（右一）、孙治翰（左一）、李福德（左二）在黄骅港

2012年刘宾老师（左）与李福德参观黄骅港

一路飞驰，来到了35公里之外的港口。同学们先是用渤海湾独有的海味招待我们，饭后领我们走进了港口

码头。

气势磅礴犹如巨龙一般的运输生产流水线，让我震撼不已，一边观看，一边听着我的学生们的详细解说。

站在甲板上 ，一股海风吹来，我放眼远望，无边无际的大海后浪推着前浪，一排排浪花涌起，好似穿着白纱的少女欢呼跳跃……

参观完了，他们又给我带上当地的特产冬枣，把我送回家中。

回到学校，结合调查了解来的情况，开始了对河北省沿海经济发展战略问题更加深层的思考和理论研究……

现今，河北金融学院金融研究所实施开门办所发展战略，服务社会，承载起了更多的功能，如对金融行业发展政策文件的制定提出建议，对金融市场、金融机构、金融产品进行解读，对金融政策的贯彻实施情况进行调研总结，对地方政府及行业投融资等金融问题进行辅导和咨询，等等。

同时，河北金融学院金融研究所进一步强化“区域权威金融智库”定位，与政府和企事业单位在多方面进行合作，为地方经济建设和社会发展提供智力支持和技术支撑。

新形势下，河北金融学院金融研究所开始了经济金融理论研究和为地方经济社会发展服务的新征程。

2012年·保定

产学研合作处

产学研合作处，是河北金融学院办学初期新组建的融校办产业、对外合作办学、科学研究等多功能管理为一体的正处级单位。处长王宪明同志，是刚调入本校不久的青年干部，他政治素养高，业务能力强，是富有开拓创新精神的复合型人才。全处上下在他的领导下，团结一心、追求卓越，探索出了一条产学研融合发展的新路子。

产学研合作“三位一体”的管理机制是一种新模式，偌大的一个摊子只有六名在编人员，工作天天忙得不可开交。我是退居二线之后来帮忙的，虽说不占处里的编制，但处长却把重要的科研管理任务交给了我，主要负责省部级以上课题管理、评奖申报以及科研成果统计。

在产学研合作处工作，大家对我十分尊重，我也非常给力，统计科研成果、指导青年教师申报课题、联系组织开展学术活动，尽心尽力。在处长的领导下，产学研合作处很快理顺了上下左右关系，成功实行科研及其他管理新制度，推动学校的科学研究、外事往来、开门办学、大学生创业等工作不断迈向上新台阶。

产学研合作处的工作成绩斐然，既赢得了上级主管部门领导

2021 年现任经济贸易学院院长的阎东彬博士

的充分肯定，也得到了学校教职工的大力支持，主管部门对我们处的工作更是十分满意。显然，这与学校领导的大力支持、处长的正确领导和大家的共同努力是分不开的。

我们处里有一位年轻、漂亮、能干的美女，她就是阎东彬博士。阎老师虽然年轻，但她是原科研处的老人，工作经验丰富，性格开朗，做事认真，一言一行都充满着朝气和活力。她待人热情，尤其是对外地来的客人，介绍工作、沏茶倒水更是离不开她。

我与小阎老师合作非常默契，工作上相互鞭策、互相支持。在分工上，她主要负责市厅级以下课题管理和成果评奖，我主要负责省部级以上这方面的工作，我们二人经常往返于保定与石家庄之间，到教育厅、科技厅、社科联、规划办等部门办理课题申报结项、成果报奖等相关事宜。

客观地讲，这项工作是很辛苦的。一般情况下，我们起大早出发，上午八九点钟赶到石家庄，跑几个部门把工作处理完，顾不上吃饭，中午就返回保定到学校上班。那时候没有高铁，有时候乘坐动车还觉得太贵，不愿给学校多花一分钱。

除此之外，我们俩还各自承担着一项更重要的任务，即我负责全院科研成果的统计，她负责课题经费的审核报销工作。这是两项硬任务，尤其是课题经费报销审核，政策性和原则性都很强。小阎老师对每一张发票都严格审查，发现不符合要求的票据，该撤的撤、该换的换，从不徇私。

我所担任的科研成果统计工作，涉及每一个相关人员的切身利益，不敢有丝毫马虎大意。每到年底，都要提前设计好统计报表，确定统一的要求和时间，之后下发通知，让大家报送材料。材料包括研究成果原件、课题立项和结项证书、获奖证书等。收集这些材料也不是件容易事，因为每逢年末系里的工作多，再加上一些老师外出，一拖再拖，只能反复打电话催。

计算成果分值的时候，更是零碎杂乱。通常情况下，成果都是由团队完成的，其分值要在成员中按名次和比例进行分配，一般中文核心期刊成果还要按字数确定等级，这就需要对论文字数进行统计。在这一过程中，既要耐心，又要细心，最后公示让大家监督。

产学研合作处是学校的窗口，经常有兄弟院校的人来参观学习，同时，为了活跃学校的学术气氛，我们也常常邀请专家来做学术报告。因此，外联和接待任务非常繁重，大部分也都落在了我和小阎身上。

为了邀请专家，我天天打电话联系，一旦谈妥，首先报请主管校领导审批，之后与学校有关部门沟通，做好车辆接送、安排食宿等工作。

2009 年，在学校党委书记万素英同志的倡导下，产学研合作处开办了“百家讲坛”活动，邀请了省内外十几位专家学者到学校做学术报告。当时，我们几乎天天忙个不停，小阎老师迎来送往、上传下达，工作起来一路小跑，为的是提高效率和服务质量。凡是来过我们处的人，都深受感动，尤其是对这位

2013 年王宪明处长（前左一）及产学研合作处其他同志带领广东金融学院老师参观校园

小阎老师赞赏有加。当年的小阎，早已提升为学校科研处处长，后来被调到了教学管理一线，担任管理学院院长职务。

大学里的科研管理，是为教师和教学服务的，其目的就是要不断提高教师的研究水平与创新能力，经常推出新的理论研究成果，以更好地促进学科建设，提高教学水平，进而提升学校的知名度和社会影响力。为此，我们紧张而又快乐地忙碌着。

产学研合作处最为关键性的工作，都是由处长、副处长负责的。王处长非常有才华、有魄力，他把主要精力放在了开门办学、国际交流与合作，以及为地方经济和社会发展服务等方面。在他的带领下，我们开拓了国际合作办学市场，同时帮助承德、保定、邢台等地制定了《“十二五”和“十三五”金融行业发展规划》，实施产学研融合发展机制，在较短的时间内，为学校争取到了大批横向课题，课题经费到账率是前所未有的。

在产学研合作处实现跨越式发展过程中，副处长周素彦老师默默地奉献着。周老师业务水平高，工作作风正派，为人正直忠厚。在处里，他担负着建章立制工作，负责制定科研管理的各项制度、发展规划目标，以及书写近期工作计划和工作总结等。周处长不但文笔好，而且政策水平高，每一项制度的制定，都从实际出发，充分体现国家的政策和上级主管部门的具体要求，并且做到最大限度地符合校情。

产学研合作处还有一项特殊的任务，即外事管理，刘超老师主要负责这方面的事情。

刘超老师，是一个常常面带微笑，充满工作激情，熟悉外事往来，精通英语，聪明能干的漂亮姑娘。她从河北大学调入学校，主要负责外事业务办公室的工作。该办公室设在产学研合作处，其主要职能是统筹学校层面的国际交流与合作，负责学校领导和老师们公派出国的联络和手续办理，聘请外籍教师以及中外合作办学等。

2018 年现任科研处处长的刘超老师

刘超老师工作细心认真、精通业务，在较短的时间内，疏通了各方面的工作关系，推动了学校外事

2012 年在天津滨海新区参观的的杜瑞涛老师

工作步入快速发展轨道。在她的努力下，两项重要的中外合作办学项目分别于 2009 年、2010 年顺利获批，为后续的学校国际交流与合作奠定了基础。

在产学研合作处的外事办公室，还有一名工作积极热情、乐于奉献的杜瑞涛老师。杜老师与爱人分居两地，平时可谓“一人吃饱，全家不饿”，有足够的精力和时间用于外事联络和为处里服务。

小杜为了外事业务和产学研合作处的其他工作奔波忙碌，不管分内分外，忘我付出。平时，他少言寡语，但心里却热得像一团火，哪里需要哪里去，从不计较个人得失和名利。产学研合作处的功能多，自然校内校外的事情也多，常需要用车，杜瑞涛老师就把自己的私家车当成了公车，默默地为学校发展奉献着。

产学研合作处正是有了这样一支不计个人得失而忘我工作的团队，才干出了一番事业，取得了令人满意的成绩，成为推动河北金融学院快速发展不可或缺的生力军。

我在科研管理的岗位上，与学校产学研合作处的领导和老师们共事六年，至今还十分留恋当时那种紧张和谐的工作氛围。

2013 年 · 保定

研究生导师

2012 年 9 月，河北金融学院迎来了第一届研究生。学校对研究生教育非常重视，在学校党委的统一部署和领导下展开工作，一切从培养人才出发，为学生服务。

在研究生导师队伍的组建上，校长亲自挂帅，评选出校内最优秀的导师，同时聘请了校外的专家学者，建立起了校内和校外相结合的“双导师”制度。

新生开学那天，我和其他导师一起来到了办公楼二层阳面的研究生班教室。这里的一切都是新的，粉刷洁白的墙壁上挂着几幅教育家、思想家的画像，棕红色长条双人课桌，配上黑色软包椅子，格外大气和舒适。正前方的黑板上写着“座谈会”三个大字，黑板底部画着一片绿色的小草，点缀着星星点点的花朵，象征着同学们相聚在一起健康成长。

走进教室，我与一位高个子女生坐在一起。女生小声说：“老师好！”我也随口道：“谢谢，你叫什么名字？”相互问候片刻，座谈会开始了。

教室里洋溢着祥和而热烈的气氛，老师和同学们面对面就座，互相解答着所提出的问题，我也把自己的研究方向介绍给大家。就这样，还没进入授课和指导论文阶段，我们就相互认识了。

到了双向选择的时候，学生们一封封电子邮件发到我的邮箱，恳请我能成为他们的指导老师。然而，按照学校规定，行政岗位的兼职导师只能选择一名学生予以指导。

2014年与研究生郭晓晨同学的合影

这一年我指导的是一位女生，她学习刻苦、基础扎实，但不爱交际，讲起话来低声细语。研究生论文开题之前，我帮她确立了“普惠金融”研究方向，借一次外出调研的机会，带她来到了邯郸市银行监督管理局。

银监局的领导和同志们非常热情地接待了我们，并召集了农村信用联社以及基层社的干部职工一起座谈，大家一起探讨普惠金融发展中的问题及对策。随后，我委托银监局的同志，将这位学生安排在邯郸市农村信用联社实习。

研究生导师的主要工作，是指导学生写好毕业论文。凡是我的学生，从选题到社会调查，再到拟定研究大纲，写出初稿，然后反复修改，每个环节我都认真指导，拿出具体意见。一般情况下，我对每一位研究生和本科生的毕业论文，都要求达到正式发表的水平。为此，定稿之前我必须认真审阅，帮着学生一句一句地推敲、一个段落一个段落地调整。学生对我都深表感激，我则认为这是指导教师应该做的。

作为研究生导师，我也对学生给予了生活上的关心，学习上的帮助和事业上的指点。

我带的最后一位学生李金鑫来自山东，他非常的阳光，堪称帅哥，学习成绩科科优秀，做事更是细心认真。快毕业了，我问他就业去向，他说想报考中国人民银行济南中心支行，这个选择不错，我给予了鼓励，并且建议他去中国人民银行实习。

有一天，他问我，能不能帮他联系个实习单位，我一口答应，帮他联系了中国人民银行石家庄中心支行调统处。石家庄中支调统处的同志们克服困难，给他安排好工位，郑向阳处长亲自为他协调解决在行里就餐问题。实习期间，我也曾多次来到石家庄看望，并委托郑处长关照，让这个实习生承担一些力所能及的调研任务。

实习还没结束，这位学生就接到了中国人民银行系统招聘笔试通过、参加面试的通知。我得知这个消息自然为他高兴，但是他却忧心忡忡，问其原因，他说不知道会遇上什么样的竞争对手，况且单位招聘一般都有内部关系优先政策。

听他这么一说，我索性帮忙帮到底，当着他的面，给在中国人民银行济南中心支行工作的同学发了条信息，把我的这位学生着实客观地夸奖了一番。最后说，如果不称职再给我退回来。写这些话的时候，我心里却在想，如果是公平竞争，这个学生肯定有实力，绝不会落选。

2016 年与研究生李金鑫同学的合影

2014 年与研究生王桂玲同学的合影

面试没问题，我的这个研究生如愿以偿分配到了中国人民银行德州中支工作。

参加工作了，李金鑫经常给我邮寄当地的特产，我也为他刚出生的儿子送上一份祝福。2019 年的春节，他给我快递来几只刚出锅的德州扒鸡，此时我已离开北京回了保定。春节过后送走宾客，闲暇之时我想起此事，立马买了张火车票来到北京，取回这六只已经霉变的烧鸡。

我儿子得知此事，取笑我说："你那烧鸡即便是能吃，也抵不过来回的火车票钱。"我说："你不懂，这是我学生的一片心意，哪怕是做肥料我也要把它取回来。"

工作中，我除了对自己的学生尽心指导，也对其他学生有求必应，帮助他们选题和解决学习生活中的困难，与他们结交朋友。

2013 年参加由副校长杨兆廷（左一）主持召开的研究生工作会议

在研究生同学中有一位学生干部精明能干，工作耐心细致，深得老师和同学们喜欢，她就是我最早认识的那位高个子女生。我们俩彼此说话投缘，建立了良好的师生关系。

一次运动会上，我站在老师们中间，这位学生干部和另外两位同学跑过来问：“老师，有什么事情需要我们帮忙吗？”我说没有，并要求他们一起合影留念。这位同学给我和李老师拍了几张照片，留住了当时参加运动会的场景和英姿。

2012 年秋季运动会参加铅球比赛

研究生同学帮我和李春萍老师拍的合影

从那天起，我就把这些研究生当成了自己的亲人，时常为他们提出“个人生涯规划”的建议，并指导其论文设计。毕业后同学们分配到外地工作，我委托老校友给予关照；他们出差回到保定或北京，我们一起相聚，畅谈友谊……

在担任研究生导师期间，我还带队指导过学校的两支学生校外社会实践小分队，从选题到社会实践再到调研报告的撰写，我都参与其中，认真指导。无论是同学还是我这位指导教师，通过社会实践活动都受益匪浅，充分了解到农村的民生，从中学到了很多书本上难以学到的知识。

在我带队指导的这两支小分队中，第一支小分队的选题是“如何解决农村、农田污染问题”，第二支小分队的选题是

2012 年与河北金融学院社会实践小分队的同学们在黄骅港

2012 年带领校外社会实践小分队的同学们与地方政府相关部门领导座谈

"河北省特色农业发展问题"。这两个选题都通过了学校专家评审立项，最终的研究报告都获得了省级奖励。

为了做好这两个项目，我曾经带领同学们去往受污染重的农村地区调研，到地方政府及相关部门调查了解关于治理污染的政策规定，深入特色农业地区的冬枣种植基地进行参观学习，到某市特色农业管理站走访调研等，同时还挤时间，将同学们带到当地的烈士陵园，接受爱国主义教育。

通过社会实践和问卷调查，了解到了农村和农业污染的实际情况以及黄骅市特色农业发展情况，同学们掌握了大量一手资料，为调查研究报告的撰写积累了素材。与此同时，通过深入社会接受教育和锻炼，也使全体队员的业务素质和思想素质，都有了很大程度的提高。

这两个小分队都被评为大学生校外社会实践优秀团队，所撰写的调查报告都获得了河北省大学生社会实践活动成果优秀奖，我也因此而获得优秀指导教师殊荣。

2016 年带领小分队同学在黄骅市特色农业（冬枣）种植基地调查

2016 年和袁国强老师（右三）及小分队同学在黄骅市特色农业管理站调研

2014 年与研究生导师赵兴梅老师的合影

2019 年与耿雨杨同学的合影

师德标兵

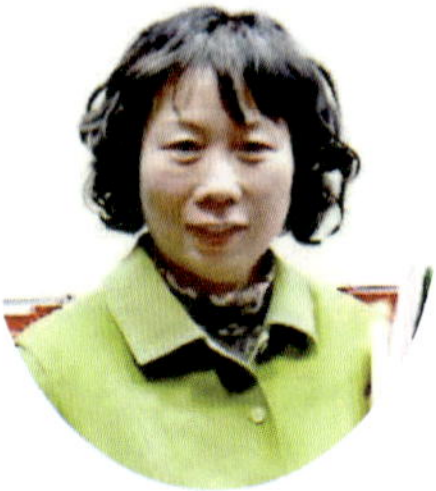

2012 年 · 保定

2012 年，学校开始评选第三届师德标兵，产学研合作处的同事们一致推荐了我。在处长王宪明老师的支持下，我开始思考自己以往的学习和工作，积极参与了这届师德标兵的申报。

河北金融学院对师德标兵的评选要求非常严格，校党委直接领导，党委宣传部组织评选，自下而上逐级申报。全院师生对被推荐出的候选人进行打分初评，在此基础上，经学校评委会再次打分评定，最后由学校党委审核批准通过。其颁奖仪式和程序与“感动中国人物”的颁奖仪式类似，所以，能够评为师德标兵的老师非常优秀，也十分光荣。

颁奖典礼上与时任学院党委书记汤生玲（左一）、院长陈尊厚（右一）、师德标兵潘纪元老师（左二）的合影

第三届师德标兵，我以绝对优势当选。在颁奖大会上，我第一个走上主席台。时任学院党委书记汤生玲同志给我递上证书，校长为我送上奖杯，学生代表也上

台送来鲜花。我手捧奖杯、证书和鲜花站在书记和院长中间，心里有一种说不出的感受。首先想到的是自己这么多年的付出值得，因为我所做的一切，同学们记得，同事们记得，学校领导也记得。借此机会，我深深地向大家鞠了一躬，对一直以来关心、爱护和支持帮助我的学校领导、老师和同学们以及培养我成长的学校，表示了衷心感谢！

颁奖大会上与送花的高一歌同学的合影

在这所被誉为“金融黄埔”的学校里，我从河北财金学校、河北银行学校、保定金融专科学校，保定金融高等专科学校、河北金融学院一路走来，润泽桃李、德厚流光，同时也见证了学校的发展，与河北金融学院的过去、现在和未来共同载入史册，感到无比的荣幸。我的宣传材料在大会上播出后，大家深受感动。

以下是当时学校党委宣传部对我的宣传报道（视频解说词）以及评委会给予我的颁奖词。

——视频解说词：

1978 年，刘秀兰老师大学毕业分配到我校，辛勤耕耘，从风华正茂到两鬓斑白。34 年来，刘老师以校为家、关爱学生、服务社会、秉承校训，培养了一批又一批优秀毕业生，并带动和影响了大批青年教师。

她担任过学校团委书记、金融系城市金融教研室副主任、国内金融教研室主任、正科级教学督导员、金融研究所副所长等职务。

中专时期，刘老师担任学校团委书记，并主讲数学课程。1985年，出自对事业的追求，她放弃行政职务，外出攻读金融专业。从此，在金融教学与研究领域奋力拼搏。

90年代，刘老师承担着极其繁重的教学任务，年教学工作量有时高达800课时。长期超负荷运转使她积劳成疾，住进医院。手术前，还把数百份试卷搬到医院评阅，医生护士见了感慨不已；手术后不到一个月，就坚持回学校上课。有老师劝她说："你不要命了，还上课！"的确，刘老师把工作看得比生命还重！

刘老师不断求知探索，科研业绩突出。发表学术论文115篇，出版专著、教材等18部，主持完成各类课题32项，获各种优秀成果奖33项，有两项研究报告得到省级领导签批。

学校领导与第三届师德标兵合影留念

2009年，刘秀兰老师应邀参加了由河北省政府领导主持召开的省内外专家座谈会，为河北省的城镇建设和社会发展建言献策。

2014年与研究生同学在一起

学生工作，刘老师奉献的是一片真情和爱。在一个风雨交加的夜晚，一场冰雹突然袭来，将门窗的玻璃全部打碎，刘老师放下受到惊吓一直哭闹的儿子，顾不上堵挡自家的门窗，飞奔学校，一个宿舍又一个宿舍地查看，安抚学生直到天亮。鞋袜和裤脚被冰水浸透，双脚冻得麻木疼痛。

班主任工作，她对家庭有困难的学生，默默关心、给予帮助；对思想有包袱的学生，耐心细致、做好工作；对生病的学生，煎药送饭、细心呵护。

刘老师从事教学督导和科研管理工作多年，特别是对青年教师关爱有加、耐心指导，认真帮助其提高教学与科学理论研究水平。

刘老师是校园文化建设的积极倡导者和参与者。她组织学生创办团刊；指导学生参加校内各项活动和校外社会实践；亲自带领学生深入社会调查研究，多次被评为优秀指导教师。

退居二线后，刘老师仍坚持在教学、科研及其管理一线，承担着繁重的工作任务，默默奉献。多年来，她不忘初心、牢记使命、追求梦想、发挥余热、甘当人梯。

34年来，随着学校从中专到大专，从大专到本科，从本科再到研究生教育的发展，刘老师也从有志青年成长为一名专家学者，一路走来，德厚流光、润泽桃李。

一首小诗，团书为您而作；一段视频，班长传递祝福；一份礼物，承载师生情谊；一句话语，期盼为师三代。

解说词中的最后四句话，指的是视频影像中的四幅图片。

第一幅：“一首小诗，团书为您而作。”

2011 年的金秋十月，学校迎来了我曾经当过班主任的七八级财税十四班全体校友，同学们毕业三十周年，师生欢聚一堂。晚会上，当年的团支部书记高茹阁同学即兴为我写下了这首题为《青春底版》的小词。内容如下（有改动）：

老师
老师
叫一声脸上有光彩

同学
同学

喊一声心里就暖和

一张旧船票
彼此的心岸靠拢
几辈子，都有效

老师
同学
一帧老照片
长不高的您，长不大的我
做了青春的底版

第二幅："一段视频，班长传递祝福。"

2012年元旦即将到来之际，我曾经当过班主任的八八级城金一班的班长刘增甫，代表全班同学又一次给我送来祝福。但与往年不同的是，这次不是明信片，而是视频。他在视频中说道：

老师：您好！
在新年即将到来之际，我代表全体同学，祝您在新的一年里身体健康，天天开心！

第三幅：“一份礼物，承载师生情谊。”

在学校迎来建校六十周年之际，校友、贵宾如约而至。沧州校友为母校赠送了一块刻着“弘毅”二字的精美汉白玉石。我同校领导与沧州校友们，一起剪彩并合影留念。

第四幅：“一句话语，期盼为师三代。”

颁奖大会上，为我献花的高一歌同学是 1984 年我教过的学生高中田的儿子。前不久我去邯郸市出差，任邯郸市银监局副局长的高中田校友对我说：

老师，过去您教我数学，现在您又教我儿子金融，将来我有了孙子，一定让他跟着您学做人。

我当下答应，定了“为师三代”之约。

——颁奖词：

数学基础课、金融专业课教学，是她不懈努力辛勤耕耘的阵地；经济金融理论和教学研究及其管理，是她为之奋斗施展才华的领域；学生工作、指导毕业论文和社会实践、教学督导与质量监控，是她以身作则率先垂范的舞台。

金融教育事业选择了她，但她的人生有多种选择，无私的选择可歌可泣。

而立之年，放弃行政职务，从头学习；功成名就，仍笔耕不辍，致力科研；退居二线，不离单位，甘当人梯！

第三届师德标兵评选委员会

2012 年 12 月

沧州校友　故土情深

2021 年 · 保定

一、我亲自录取和教过的沧州校友

在沧州校友中，有一些是我当年招生时录取的学生，回想起他们入学时的情景，仍历历在目。

这些同学大多是初次从农村来到城市，朴实真挚中透露出对未来的憧憬，人人脸上都洋溢着灿烂的笑容，意气风发，踌躇满志。来到学校，这些同学都与我保持着密切联系，走向社会后，我们依然书信来往，相互关心问候。

记得九二级城金二班校友孙晓东结婚时给我邮来了一张七寸的婚纱照，备课休息的时候我会经常拿出来看看。后来这张照片不见了，急得我到处找。仔细回想，应该就在书里夹着，可是那些书已经归还了学校图书馆。第二天一大早，我来到图书馆认真翻看，结果在我归还的一本书中发现了，随后便把它存放在了相册里，再也不会丢失。

从我们学校毕业的学生，对业务知识掌握扎实，思想和技能过硬，一般情况下，不出半年的时间就能上岗独当一面，逐步得到单位重用。过去，常听银行的领导讲，河北金融学院毕业的学生悟性高，动手能力强，心灵通透，业务上一点就明，而且具备创新能力。没经过专业学校培训的员工，工作中经常会出现错误，尤其是账记错了还不能及时发现，错上加错。而我们学校毕业的学生则不同，能够及时发现问题，纠正错误，并不断总结研究，提高自己的业务水平。

沧州的校友们的进步更是没得说，参加工作后，纷纷走向领导岗位，也有部分同学默默奉献，不求名利，在基层工作几十年，毫无怨言。

1979 年，我第一次来沧州地区招生的时候，录取了 13 名学生，其中的田增章、吕玉明入学以后，分到了我带的班里。遇到黄骅老乡也算缘分。田增章入学时岁数小，瘦瘦的，个子也不高，看上去很文弱。作为班主任，我责无旁贷地给予了他姐姐般地关爱。后来，我发现他聪明好学，性格也变得越来越开朗活泼，个头儿也长了不少，显得更加阳光。

沧州黄骅是我的老家。1981 年，我再次到沧州地区招生，

2019 年与沧州人行副行长孙金岭（前右一）等沧州校友相聚

黄骅县报考我们学校的考生有四名，而且全是男生，有韩向海、孙治翰、李福德、吕广仲。看了档案，我对这四个小伙子都非常喜欢，就把他们一起列入了录取名单。

进了大学，他们把黄骅人的纯朴、勤奋的传统发扬光大，努力学习，刻苦钻研。毕业后回到家乡，为黄骅县的金融事业注入了新鲜血液，增添了新生力量。“二线”之前，吕广仲任工商银行黄骅市支行副行长，孙治翰任工商银行沧州港口办事处主任。李福德是某公司的总经理，韩向海也曾经是一位非常有才华的业务骨干，只可惜他早早地离开了我们。

郭宝元、于香莆、宋三刚、刘祥霞、曹健、金文然，这些校友都是我亲自带过的学生，看到他们就想起了当年在学校的情景。想当年，我是他们的班主任，再加上一层老乡的关系，更是亲上加亲。我虽然比他们大不了多少，但是他们始终把我当成知己，有什么心里话都愿意对我说，而且把我的事当成他们自己的事。

2003 年冬天，我母亲去世，不知道校友们从那里得到的消息，由孙金岭处长带队，十几个人从沧州赶到黄骅，前来吊唁，为我送去关怀和安慰。这份友情，难于言表，只能牢牢地记在心里。

沧州校友，故土深情。我和沧州校友建立起了深厚的友谊，彼此之间发生过许多感人的故事。

二、我与工作在中国人民银行沧州市中心支行的校友

中国人民银行沧州市中心支行校友比较多，可以说这里是我的大本营。我来到这儿，就像到了自己的家，校友们热情招

待。在这些校友中间，有些还是过去的老领导。

过去我经常带着学生来沧州金融系统实习，或者带着指标来沧州招生。每逢我来到行里，老校友们都会给予热情招待，我直接教过的学生见到老师到来，更是由衷地高兴。他们帮我安排食宿，提供出行车辆，尤其是吃饭的时候，经常是围着我推杯换盏，好不热闹。

在沧州校友中间，还有一部分在职干部学员，我和他们是在行长干部培训班里认识的，由于老乡关系，非常亲近。

有一年春节之前，学校为中国人民银行河北省分行承办的基层行行长培训班结业。我给他们授完最后一堂课，就和沧州人行系统的行长们一起，上了来接人的面包车。到达沧州市已经是下午六点多了，虽然大家盛情挽留我一起吃饭并安排住宿，但时间已不允许，因为再过一天就是除夕。道别后，盐山县王国祥行长，拉我上了他的专车，并说由他送我回家。从沧州市出发，一个小时以后，我们来到了盐山县，大街上的餐馆都已经关门，我们围着县城转了一个圈儿，也没找到营业的饭店。不吃晚饭，王行长是绝对不让我走的，他打电话通知家里的大嫂，马上包饺子。

来到王行长家中，大嫂立刻将一大盘热腾腾的水饺端到我面前，并热情招呼我把它全部干掉。吃完饺子，王行长派他的司机，将我送到了 40 公里开外的家中。

回到父母面前，想着这一天如同打仗般的生活节奏，尽管有些累，但是无比高兴！

王国祥行长是位非常幽默、热情好客的老大哥。还记得在我们一起回家的前几天，从来没到过我家的王行长，打电话对我说："刘老师，把你家的臭鞋烂袜子收拾干净，我们准备去你家里吃饭。"这句话被我老公听见了，其中的"臭鞋烂袜子"成了他后来"教训"我的口头语。我老公想起来就说："当年王行长都说你，家里到处都是臭鞋烂袜子。"这种歪曲王大哥本意的话，让我听了几十年。

那天，沧州人行来学校参加培训的八位行长、处长，到我的家里相聚，他们围坐在我家的小餐厅，一起吃的是"饺子酒"，当时我特别高兴，也破例喝了白酒。

中国人民银行沧州市中心支行副行长孙金岭、孙玉岭，办公室主任冯宝健，人事科科长李建兵，征信管理科科长倪凤

2012年学院领导王桂云左上图（左三）、人事处处长王孝（左二）与沧州校友代表为所赠汉白玉石剪彩

玥，会计科科长李金祥，纪检监察室主任卞春生，调查统计科副科长张连凯，货币金银科刘祥霞，金融稳定科科长张云亭，等等，他们都是校友。每逢我来到沧州人行，孙金岭副行长的办公室里就挤满了人，孙行长把我的这些亲学生们一个个都叫来，大家欢聚一堂，为我接风洗尘。

2002 年冯宝健在黄骅港

冯宝健、张连凯，是毕业比较晚的，在校时我教他们班的银行信贷管理课程。相处久了，我发现这两个孩子不但做事认真仔细，而且明事理，考虑事情周密，干活儿麻利。

冯宝健政治素质高，业务能力强，是职务提升最快的校友之一，曾任沧州人行的办公室主任、县支行行长。我来到沧州人行，一般情况下都会先到办公室报到，随后由宝健为我安排好一切。

张连凯业务上始终是一把好手，他好学善思、务实能干，文章写得很好。过去，我常看他撰写的调研报告或内部材料，也从中获得一些业务数据，并受到一定的理论研究启发。连凯为人厚重朴实、重感情，对我关心有加，那份发自内心的师生情，让我既欣慰又感动。

2012 年 10 月，河北金融学院迎来了建校六十周年华诞，人民银行沧州市中心支行行长李庆、副行长孙金岭、支付结算科科长李金祥，代表沧州校友送上了一块精美的汉白玉石，以表达沧州校友的远大理想抱负和对母校的眷恋。

三、我与工作在沧州建行和高校的校友

田增章、吕玉明、赵俊彬、郑以申、董焕亭、张岳等，是工作在沧州建设银行系统以及高校的校友。他们个个都是业务精英，为沧州地区建设银行和教育事业的发展，做出了突出贡献。田增章、赵俊彬这两位建设银行沧州分行的副行长，业务精湛，有谋略，有担当；吕玉明、郑以申，这两位老校友，在计财处处长的岗位上，一干就是几十年；张岳，是他们的小师弟，九二级投资与保险系学生。

张岳在我的心目中还是一个孩子，可是已经走出校门26年。20多年来，他与爱人和孩子长期两地分居，在沧州建行系统南征北战，曾经是港口办事处的信贷员、沧州市车站支行副行长、沧州市开发区支行行长、吴桥县支行行长，现任青县支行行长。在青县工作，虽然离天津的家近了一些，但他仍因为工作忙，还是不能常回家。

1994年与张岳（左一）、刘祥霞（左二）、尹巧云（右一）的到合影

张岳毕业的时候，国家已经不包分配，来学校招聘的金融机构寥寥无几，有相当一部分同学要自谋职业。有一天，投资专业的两个沧州籍同学张岳和尹巧云来到了我的办公室，他

们对我说：“刘老师，您能不能帮我们想想办法，看看哪里还需要人，我们不怕吃苦，什么地方都可以去，只要是干本专业就行。”学生的话深深地打动了我，虽然他们大学即将毕业，但在我眼里还是孩子，我当下答应尽最大努力为他们联系工作。

2019 年与金文然（前右一）、李淑贞（前右二）、林俊荣（前左一）、田增章（后左二）、郑以申（后左一）、张连凯（后右一）、张岳（后右二）的合影

当天晚上，我出了家门，上楼来到了投资保险系主任陈尊厚老师家里，我对陈主任说：“你们系的学生让我帮忙找工作，还是委托你给想想办法吧。”陈尊厚主任听后笑着对我说：“我没有办法，但我知道有一个人有办法，你可以去找他。”并告诉我，这个人就是老主任周兴汉老师。陈主任还说：“周老师对沧州那边的情况熟悉，只要他出面，肯定有希望。”

第二天，我来到了周老师的家中，周老师非常热情地接待了我这位空手来访的客人。我说明来意后，周老师当下给我出了个好主意。他对我说：“小刘，你辛苦一趟，带这两个学生去建设银行沧州分行人事处找孙敬华处长，她是咱们学校毕业的校友，在沧州分行做人事工作多年，一定会想法儿把这两个学生留下。”

经过周老师的指点，我请了两天假，带着张岳和尹巧云乘长途汽车来到了沧州市，到了建设银行，先让两个学生在外面等候，我自己一个人进了处长办公室。

见了孙处长就像见到了老朋友，她沏茶倒水，非常热情地招待着我。孙处长听说我给她送来了两个学生，高兴得不得了，明明是我求她给我们学校的毕业生找工作，但她却非常感谢我，说我是“及时雨”，雪中送炭。

互相致谢后，孙处长让我把学生请进来，当张岳和尹巧云出现在她面前时，孙处长一眼就喜欢上了这两个学生，我也在一旁仔细端详：一个眉清目秀、聪明伶俐；一个身材魁梧、文质彬彬。两个人气质都不错，孙处长询问了几句学习情况，就拿起座机拨通了建行河北省分行电话。

孙处长和对方谈了一会儿，我们在旁边听着，她大加赞赏地夸奖了这两个学生，还说沧州基层建设银行因为缺人，工作受到了影响，希望省行给批两个进人指标。讲完了，孙处长让我们回去等消息。

两天后，学校投资保险系就接到了沧州建行招人的通知，通知中特别说明，只招聘投资专业沧州籍学生，张岳和尹巧云两位同学如愿以偿，被分配到了沧州建设银行。

那些年，在就业环境发生变化的情况下，作为学校系领导和老师，我们就是这样为自己的学生找工作，向社会推荐毕业生的。

田增章是建设银行发展最快最好的校友之一。毕业后他来到沧州建行工作，充分施展自己的才华，工作业绩突出，很快就被选派到了信贷管理岗位。

吕玉明更是出色，分配到了一所中专学校工作，在财务处处长的位置上一干就是二十年。后来学校升格，吕玉明成了单位资深望重的元老，并肩负起更重要的管理职责。

四、我与工作在工商银行系统的沧州校友

工作在中国工商银行沧州分行的校友更多，有一年，我应邀到工商银行沧州分行授课，讲完课的那天晚上，南门里办事处的葛立洪主任做东，召集了上百名校友和参加过保定金专培训的本行职工一起聚餐，为我这位老师送行。

工商银行沧州分行有我两位闺蜜校友，一位是金 16 班的李淑贞，一位是专业证书班的林俊荣，她俩是我真正意义上的好姐妹。

我与李淑贞在学校时擦肩而过，1977 年是恢复高考的第一年，李淑贞怀揣梦想，考入河北财金学校。1978 年我大学毕业分配到此，与黄骅老乡李淑贞相遇，称得上是“老乡见老乡，两眼泪汪汪”。我俩在学校形式上是师生，实则如同姐妹。一年转眼就过去了，李淑贞毕业回了沧州。

2019 年与李淑贞在学校操场合影留念

一日，我来沧州看望李淑贞，推门进屋，寒暄亲热，“谁来抢我的女朋友！”随着这句嫉妒的问话，被窝里探出了一个人头。啊——我高中下一届同学陈秀荣，这真是“踏破铁鞋无觅处，得来全不费工夫”！在工商银行单身职工宿舍里，

1990 年与林俊荣（右一）等在石家庄工行干校合影留念

2018 年与金文然在石家庄

意外地遇到了我的发小同学，这是李淑贞毕业后送我的第一份礼物。

过了几年，李淑贞升职为工商银行房地产信贷部主任，我的八八级城金一班学生金文然成了她的部下。金文然是我亲手带过的学生，1991 年毕业后，分配到泊头县工商银行工作，后来调入沧州市工行房地产信贷部。由于业务熟练，工作业绩突出，前几年被河北银行挖了墙角，聘为河北银行沧州分行某支行行长，现任河北银行沧州分行风险管理部总经理。每逢我来到沧州，金文然总会亲自开车带我们出行。

每逢我来到沧州，都会得到这两位师姐妹的照顾。

林俊荣是我结识的新朋友，退休前她是工商银行沧州分行储蓄处处长，我俩在石家庄工行干校相识。那是 1990 年，学校派我到工商银行石家庄干部管理学校讲课。这是一个行长专业证书班，林俊荣是其中的一员。因为老乡关系，我和她首先认识了，后来回到沧州，就多了她这个新朋友。

每次回家来到工商银行，她们都会给我送上一份纪念品，或是用自己做的美食招待。李淑贞风趣幽默，总说我“有了新朋友，不忘老朋友”，如果我不先到她那里去，又说我“有了新朋友，忘记老朋友”。

五、我与工作在中国银行系统的沧州校友

中国银行沧州分行的校友贾建忠、王韵然、孙晓东，他们既是我的学生，也都称得上是挚友。

银行学校金融38班班长贾建忠，是我最早的学生之一。当年我教他们班数学课，贾建忠作为班长与我保持着密切的联系。后来每逢他们班同学聚会，建忠都会把我请来。现在，他已是狮城沧州市的“药业大王”，前年聚会时，贾建忠还给我们老师每人送上了家庭医生——一个电子测压仪。

王韵然也是中专时期的校友，我与她如同亲姐妹，人在异地，心灵相通，问候不断。

1982年，我把她录取到学校，姚得骥老师（后来的学校校长）是她的班主任，名师出高徒，在姚老师的教育下，她刻苦学习、品学兼优，毕业后被分配到了当年同学们最向往的金融机构——中国银行，她来到中国银行沧州分行当了一名信贷员。

回到家乡，王韵然不辱使命，追求工作上的卓越，将自己的聪明才智奉献给了沧州的国际国内金融事业，成为一名业务上的精英。退休前，任中国银行沧州分行信贷处处长职务。

1993年王韵然在工作单位门前

孙晓东聪明干练、办事利落果断，是位非常有才华的校友。我与他父母相识，他们把晓东送到学校交给我，相处时间久了，我非常佩服晓东的父母培养出了这么优秀的儿子。

2005 年的一天，我来到中国银行沧州分行调研，正在主持工作的徐永志行长，是我当年在学校团委工作时手下的一名团委成员。见到老师的到来，徐永志吩咐下去，刘老师的调查工作、出行食宿，全程由办公室主任孙晓东负责，提供贴身服务，这让我再一次感受到了同学们的挚爱。

孙晓东在沧州分行办公室工作多年，后来应聘到中国银行河北省分行，担任办公室副主任，再后来与徐永志一起，负责起了中国银行河北省分行营业部的管理工作。

六、我与工作在沧州太平人寿保险公司的校友

曹健，当年入校时一个文静秀气、聪明伶俐的小姑娘。毕业后先是在沧州平安保险公司工作，后调到太平人寿保险公司沧州中心支公司。

1992 年，时任沧州金融学会秘书长、《沧州金融》主编的曹国通主任，将女儿曹健送到了学校，并委托我给予关照，从那天开始，我和曹健相识了。分班前，我向学校金融系领导提出要求，把曹健分到我带的班里，这样关照起她来就更方便一些。

曹健在班里学习非常优秀，也十分懂事，虽然我像关心自己的孩子一样关注着她，但她一点不用我操心，学习、处世都很棒。

现任太平人寿保险公司沧州中心支公司财务部总经理的曹

健，已不再是当年那个文弱的小姑娘，工作干得非常出色，个人发展也比较稳定。

七、我与工作在外地的沧州籍校友

叙述了回家乡工作的同学们，再来看看那些到外地打拼的沧州校友。

文洪武，八八级城市金融二班学生干部，当年我最喜欢的学生之一。上学的时候，我俩曾冒着小雨，骑着自行车，到魏增勋老师家里进行采访，了解学校发展的过去。魏老师长篇阔论地回答了我们提出的问题，小文认认真真地做着记录。

在回学校的路上，小文对我说，魏老师不愧是咱们学校学报编辑部的主任，讲得头头是道，非常透彻。到了学校，我们二人共同撰写论文，积极参与学校组织的“振兴保定金专”有奖征文活动，我们的参赛论文获得了学校颁发的二等奖。

文洪武毕业后，分配到了中国人民银行河北省分行。他踏实敬业、积极进取。从专升本一直读到了博士毕业，获天津财经大学经济学博士学位。多次被中国人民银行总行授予先进个人和优秀共产党员等荣誉称号。

2020 年八八级城金二班文洪武的工作照

文洪武始终信仰坚定，对党怀着一颗感恩、赤诚之心，这成为他工作的源泉和动力。他凭借自己的努力，从普通职员，到中层干部再到高级领导，收获满满。先后担任过石家庄中心支行团委书记、经常项目处处长、金融稳定处处长、办公室主任兼法律事务办主任，中国人民银行石家庄中心支行党委委员、副行长，贵州省安顺市委常委、副市长，中国人民银行金融稳定局副局长等职务。现任中国人民银行贵阳中心支行党委书记、行长，国家外汇管理局贵州省分局局长，贵州省人大常委会委员、财政经济委员会副主任。

文洪武还被聘为河北金融学院名誉教授、研究生导师。学校 60 周年校庆的时候，领导邀请他来校作报告，他的演讲报告发自肺腑、感人至深。报告结束之后，学生为他送上鲜花，并以雷鸣般的掌声欢送。走出报告厅，我同文洪武一起参观了学校钱币博物馆。参观过程中，我们回忆起了当年在校时的情景。

过去，我常常借出差的机会前去看望文洪武，当然，来到人民银行石家庄中支，我看望的不止是他一个学生，还有王彦青、郑向阳、杨学军、张明亮、孙志军、杨辉平等，他们当中的大多数人是沧州校友。

王彦青、杨学军是当年跟着我一起工作的学生干部，现也都已是金融系统的厅级领导，他们一直心系母校、不忘师恩。

前不久，我休假来到了王彦青工作的所在地——厦门市。一个电话打过去，他听说我到此非常高兴，参加完市里的会议，没顾上回家，就赶来看我，并且把师兄弟们召集在一起，为我接风洗尘。

郑向阳，现任人行石家庄中心支行金融研究处处长，兼任河北省金融学会秘书长。在学校的时候，我虽然没有直接教过他，但对他非常了解，后来与他打交道的机会也比较多。我欣赏他的才华，更钦佩他的为人。

我在产学研合作处工作的时候，学校组织“百家讲坛”学术活动，就邀请了这位沧州校友。向阳处长事先做了认真充分准备，为了不给母校添麻烦，自己一个人来到了保定。他以“打造调查统计生产力，提升央行信息影响力”为题，为学院师生献上了一场精彩的讲演。同学们被郑处长的渊博知识和表达才能所折服，休息时，很多同学走上前来，让郑处长签名留念。报告会结束，学校领导为他颁发了河北金融学院名誉教授聘书。

向阳不仅被母校聘请为名誉教授，还是河北师范大学、河北经贸大学的客座教授，并且被聘为多所大学的硕士研究生导师。此外，他还兼任着《河北金融》杂志主编，是河北金融界响当当的“笔杆子”，学术造诣深厚，圈粉无数。

另有一件事我更不会忘记，那是新世纪开局之年，当时郑向阳在河间人行任行长。临近春节我回老公家过年，首先来到了河间县人民银行，一是来看看多年不见的向阳行长，二是想换点中国人民银行发行的纪念币和新钞，回家送给老人和孩子们。师生相见，分外高兴，

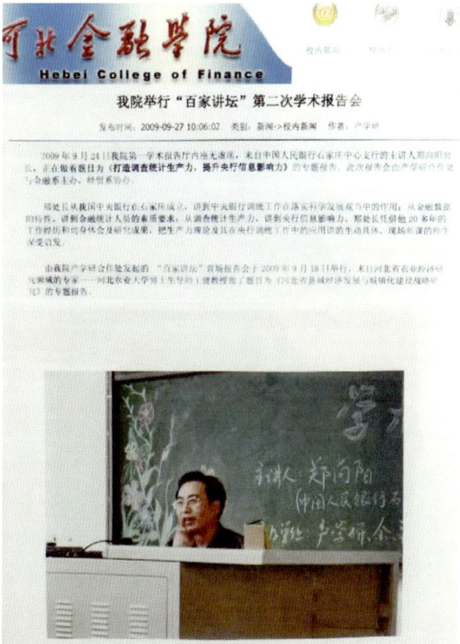

2009 年郑向阳在河北金融学院作学术报告

聊了一阵儿后，我说出了另一个来意。向阳听后，立即派人帮我换来世纪百元塑料大钞和许多纪念币。

直到今天，想起当年向阳帮我换纪念币和新钞的事，仍充满着感激。

王金超，2003 级会计系校友。2018 年 5 月，我到天津市看望中学老师，那天来得很早，去哪儿消磨一下时间呢？想起了上大学时我们曾经游玩过的水上公园，可是我许多年没来天津，路怎么走也不知道，能找个人带路自然会更好。

想到这，脑子里出现了王金超的身影。这个校友是我的亲戚，只要他有时间，陪我不成问题。电话打过去，没等几分钟，金超就来到了我的面前。

他带我来到了水上公园，转了一会儿感觉没啥意思，还是看看久别了的学生们好。于是，又想起了曾在中国人民银行天津大区分行担任人事处处长的马彦平。

2018 年与王金超在天津合影留念

马彦平，现任渤海证券股份有限公司行政总监。他毕业早，是哪一届的我记不清了，但是，这么多年一直没断联系。微信发过去，马彦平立刻回复，晚上他请我吃饭。

六点半，我又约上一位小师妹，师生四人来到了一家天津特色美食馆——狗不理。酒过三巡，菜过五味，马彦平对我说：“刘老师，您还是我的论文指导老师呢，您来天津也不先通知我。”啊——还有这一层关系呀！金融系学生的毕业论文经我指导的不少，估计得有二三百人。经马彦平这么一提，我也想起来了，自责道：“可不是嘛，把自己的学生忘了，该罚！”我的话音刚落，王金超起身站立，举起酒杯说：“我替表姑加老师受罚！”说完，一饮而尽。

2018 年与马彦平（右一）、王金超（左一）在天津相聚

2022 年获得研究生学位证书的王金超

2006 年毕业，王金超与他的女朋友应聘到了天津深发银行工作。十多年的时间，他一直工作在基层行的领导岗位，坚守底线、任劳任怨，工作业绩突出，并坚持在职学习，获硕士研究生学位，现任廊坊银行天津分行河北支行行长。

赵洪玉，2007 级金融管理与实务专业学生，毕业后分配到了山东省中国农业银行济南市章丘支行。

来到异地他乡，工作在省分行的九五级师兄窦兆普给予了她无微不至的关照。窦兆普是九五级金融一班学生，在中国农

2007年赵洪玉入学时在校内广场

业银行山东省分行科技处工作，业务干得十分出色。

赵洪玉和他的师兄同在农业银行系统，每逢到省分行开会学习或参加比赛，窦兆普都非常热情地招待，并给予业务上的认真指导。

河北金融学院的校友们，互相关照、共同进步，也是我们学校的一大亮点。

赵洪玉也没辜负学校对她的教育培养，把自己的聪明才智奉献给了山东省的农村金融发展事业。她曾多次代表基层单位参加省分行组织的技能比赛和其他知识竞赛，获得了多项优秀奖，充分显示了河北金融学院培养出来的学生具有的实力和能力。

在沧州校友身上，包括我这位黄骅人在内，都具有乡情厚重、淳朴待人的风格，大家努力学习，奋发有为，每个人都活出了沧州人的风采。我们大家都没有辜负家乡父老的期望，没有辜负党和国家的培养以及学校的教育，在金融及其他系统的大舞台上奏出了时代最强音。

第二部分

生活点滴

2008 年 · 保定

感恩有你

人的一生中会遇到许多人，经历许多事，有些人会很快淡出你的视线，有些事也会随着时光的流逝而忘记，但有些人或事则刻骨铭心，永远留在脑海里，尤其是那些帮助过你的人，那些有恩于你的人，永远都不应该忘记。

要懂得感恩，感恩有你，感恩所有为我付出过的人。

在我的人生旅途中，首先感谢的是我的父母。是他们给了我生命，哺育我成长，让我走向一个个辉煌。

1987 年与父母及兄弟姐妹和孩子们在一起

其次，感谢我的小学和中学的恩师，是他们给我点亮前进道路上的灯塔，教会我如何做人、做事。

除此之外，要感谢所有的遇见，遇见的那些对我的事业、家庭、学习、工作和生活有过帮助的人，他们是我人生中的贵人。

在学习和职业生涯中，我遇到过许多贵人，是他们为我传道、解惑、授业，促使我树立起理想信念

2018年和王金铎（右一）同学在天津看望高中老师刘德新（右三）、邹书绵（右二）、孙淑云（左三）等

2005年与张秀丽同学在黄骅市

和奋发上进的目标，甚至影响改变了我的人生。还有些人，给我带来了丰富多彩的生活和欢乐，永远留在了我的记忆中。这里按照时间顺序列举一二。

张秀丽，我小学直到高中的同学。我与张秀丽自幼一起读书，结下了深厚的友谊。快初中毕业的时候，班里只剩下我和她两个女生，我们二人相互鼓励，坚持着读到了最后。

初中毕业后，我离开学校回生产队参加劳动，张秀丽升入高中。有一天，我从生产队干活回来，张秀丽正坐在我家的炕沿上，边哭边央求着母亲，让我陪她一起回学校读书。从那天开始，张秀丽几乎天天放学之后都到我家，又哭又闹地说好话，父母亲拿她没办法，只好同意让我和她一起读高中。

如果当年没有张秀丽同学苦苦哀求，我不可能再返回学校读书，不读高中也就没有上大学的机会，更谈不上以后的事业和爱情，所以，张秀丽是我遇到的第一个贵人。

贾兆敏，我的大嫂。大嫂出生在高干家庭，从小受着良好的教育，学习优秀，人品相貌出众，是老三届的初中毕业生。

她来到我家，积极参加社会活动，对我的思想进步产生了极大的影响。

客观地讲，我自幼生长在一个封建家庭，奶奶爷爷对孙辈的管教非常严格。不过，在当时的农村，女孩子不读书也是普遍的现象。我上学较晚，10 岁那年才走进学校，得以放飞童年的梦想。然而，随着年龄的增长，如果不是大嫂的到来，我很有可能不能完全摆脱掉封建思想的束缚，走出家庭的小天地。

1970 年大嫂（右）与大姐（左）合影

大嫂嫁到我家，把青年人的热情、理想和追求带了过来，她投身到了生产队劳动和革命工作中去，兼任农村信用社代理员，后来光荣地加入了中国共产党，并担任大队团支部书记。

1969 年母亲和老妹与大哥（中）、大嫂（左）的合影

刘家的媳妇都能出头露面到外面工作，我这个当姑娘的为何不可以呢？于是背着父母跑到大队部画板报、办广播，围绕着党的中心工作搞起了宣传活动。对此，爷爷岁数大了听不见、看不着，父亲知道了虽说有些不高兴，但有大嫂在前面领着也不好意思阻拦。

日复一日，我便成了村里人和公社领导关注的对象，以至于后来担任了大队党支部副书记，成为公社党委重点培养的对象。

我的进步，可以说和大嫂的影响有着直接的关系，如果没有她的到来，我们家族封建基因的影响可能还会持续；没有大嫂的引领，我也不可能成为盐碱地里飞出的“金凤凰”。

穆桂深，我高中的同学。我们高中毕业后，穆桂深同学参军入伍，来到了北京军区招待所，两年之后提干当了事务长，虽说官不大，但完全有条件为我这个穷大学生提供吃住方便。

上大学的时候，我经常去北京玩，到他那里非常方便，还经常从他所在的部队为家里人买些高档烟酒，比如说8块钱一瓶的茅台酒、4块多一瓶的五粮液，有时候一买就是一箱。当然，我也给这位同学提供了一些方便，当年他的女朋友在河北大学读书，我尽力帮忙照顾，并来回为他们捎东西，传递情书。

2000年，穆桂深把他的外甥女刘月明送到了我的门下。孩子勤奋好学，跟着我读书，从中专、大专、本科，一直读到研究生毕业。有一天，月明的姥爷有意让她认我做干妈，女孩子大了不好意思，我也觉得没有必要。

转眼20多年过去了，老同学的这个外甥女成了我真正意义上的“小棉袄”。现如今，我老公的衣服基本都由月明包揽，我的穿戴也着实让她花费了一番心思。有老同学送给我的这个外甥女，使我体验到了“儿女双全”的幸福美满生活。

2007年与刘月明在保定军校广场

商桂珍，我大学的同学，同室同桌，最要好的朋友。

大学三年我俩形影不离，通常是一个碗里吃饭，比亲姐妹还要亲，直到现在依然相互牵挂，经常联系问候。

1995 年的夏天，我去迁西看她，走在山城的公路上，那里云雾缭绕、山清水秀、空气新鲜，深深吸引了我，最使我感动的是山里人热情好客。为了我的到来，老同学的爱人和孩子忙前忙后，欢天喜地地招待我这位远道而来的客人。

1998 年与商桂珍同学在迁西县潘家口水库

孙沛城，我参加工作初期的领导。他曾任河北银行学校的团委书记、党委副书记。退休前任河北省保监局局长，兼任中国保监会政策研究室巡视员，第八届保险学会会长。

2013 年河北省保监局局长孙沛城退休前工作照

1978 年，我大学毕业分配到河北财金学校工作后，孙书记一直关注支持着我的工作。入职没多久，他把我从数学教研室借调到了人事处，负责落实知识分子政策工作。这是一项政策性极强的任务，当时我和王富贵老师一起，到处跑外调，为被误打成“右派”的老师收集证据，撰写平反报告，向上级主管部门提供翔实佐证材料。

1984 年下半年，分管学校团委工作的孙沛城副书记，推荐我负责学校团委工作，并经常教育指导我发挥聪明才智，当好党的助手。正是由于这次转岗，促成我以后改学金融专业，成为金融学和应用经济方向的学术带头人。

田增章，我最早的学生之一。1979 年他们入校，我第一次走上讲台，担任他们班的数学课老师并兼任班主任。对于这位小老乡，我并没有给予特别的帮助，反而是他在毕业之后，为我提供了极大的方便。

由于他的单位在汽车站对面，所以每逢我回沧州老家，都先到田增章的工作单位。有便车时搭便车，没有时，他会将我送进汽车站。必要时，帮我安排吃住，提供休息场所。

对这位默默为我付出的学生或者说是小兄弟，我没有任何回报，只有发自内心深处的感激。

1998 年与田增章（左）、赵保栋（右）同学的合影

2015 年与陈进中（右）、叶国强（左）同学在母校西安交通大学

陈进中，笔名劲中，我的同事、同学。是他，拉我跨进了金融专业的门。如果没有他当年苦口婆心地说服我去陕财读书，我就不会结识那么多好同学、好朋友，也不会有金融专业数以万计的弟子，更谈不上出那么多的研究成果。可以说，陈进中老师对我工作上的转型起了决定性作用。

1985 年，正在学校任团委书记的我，出于当一名内行领导的初心，开始自学金融专业知识。一个偶然的机会，我参加了人总行组织的金融师资高级本科班考试，不久一张陕西财经学院的入学通知书，让我又一次站在了人生道路的十字路口。

去陕财读书，意味着一切将从头开始，而且前面的道路不知道有多艰辛，能不能学成归来还是个问号。因为，当时我已是而立之年，如果重新选择专业方向，必须和时间赛跑、与困难抗争。就在我决定放弃的时候，与我同时考入陕财的陈进中老师急匆匆来到我家。

那天晚上，他对我讲了很多，从金融专业的前景讲到了社会发展的未来，从学习经济理论的基本方法，讲到了大学课堂的学习要求。记得当时我对他说：“我不会写论文，如果有这方面的作业，你帮助我完成。”他回答说：“没问题。”而且对我保证一定能够学成归来。有了他的诚挚相约，我改变了主意，决定与他同行。

在以后的两年里，我俩一直是同去同回，相互照顾，以至于在后来的工作和生活中，我们都是亲密无间的好朋友、好同事、好邻居。

陈进中老师是位才华横溢的管理型人才，他在退休之前，担任中国民生银行纪委书记。在这位小老弟身上，我看到了什么是智慧、才华、正直、幽默、帅气和大气。

焦造礼，成人教育学员，我的学生，也是我学生的家

陈进中老师送我的金句

长。当年在石家庄工行干校给他们讲课的时候，我们相识。当时，我与工商银行这个高等教育证书班的同学们吃住在一起，课余时间，焦造礼和同学们一起到附近地里挖回野菜，调制好送给我品尝。他还多次邀请我到他的工作单位——中国工商银行河北省分行参观学习。后来他的女儿考取了保定金专，委托我给予关照，我也算是两代为师。

在焦造礼处长的邀请下，我曾多次参加河北省工行的信贷业务工作会议，结识了几位省分行的沧州老乡校友，同时还结交了工行的许多朋友。从这些银行朋友那里，我学到了很多专业知识，开阔了眼界，增长了见识。与金融机构的朋友们相互往来，也提高了自己的社交能力。

王宪明，原河北金融学院产学研合作处处长。他是我退休之前的直接领导，也是黄骅的老乡。

2008 年退二线以后，我原本想到社会上做点事情，因为多年搞科学研究，总想把管理理论亲手应用于社会实践。然而，此时王宪明处长邀请我到产学研合作处去帮忙，主要负责省级以上项目管理和省级以上评奖申报工作。出自对学校的留恋和对科研工作的热爱，我来到产学研合作处，担负起了王处长交给的重任。

2012 年与王宪明处长在天津开会、参观学习

2011 年，王处长及产学研合作处所有同志，一致举荐我参与学校师德标兵评选，在处长的全面介绍和积极争取下，我以最高的票数当选

为河北金融学院第三届师德标兵。2012 年，被评聘为二级教授，给自己的职业生涯画上了圆满句号。

李淑贞、王韵然、刘国力、孙金岭等，是我在沧州老家地盘上的闺蜜和兄弟们。他们都是沧州金融战线上的精英，既给了我业务上的帮助指导，也给了我生活上的关心关爱。我与他们是无话不谈的好姐妹、好兄弟，和他们在一起有说不完的话，而且能够倾诉衷肠，卸下思想包袱。最重要的是在他们那里，还可以及时获取银行最新业务资料和经营案例，为我的教学和研究工作提供支持。

现在，我们中的部分人已经退休，无须再去探讨银行改革、业务发展等专业理论和实践问题，而是热衷于聊天，谈论如何带好孙子孙女，如何旅游购物，如何穿戴拍照，如何充分体验中国式大妈的快乐和幸福生活，等等。所以，非常感恩陪伴我左右的兄弟姐妹们。

2021 年居住北京的陕财同学相聚

2016年在河北金融学院与南京审计大学蔡则祥博士的合影

最后，还要特别感谢金融研究领域的其他专家学者、恩师、同学、同事和朋友们。他们对我的业务能力提升和发展，起了指导和积极促进的作用。周好文、周乐乐、周延军老师，陈尊厚、蔡则祥、徐立世、王兆星、彭建强博士，都给予了我极大的支持和热情的指导帮助。从这些我尊敬的老师身上，不但学到了金融专业理论知识，也学到了从事该领域教学与研究的本领。

原河北金融学院党委书记陈尊厚、中央广播电视大学经济系主任周延军，为我提供了施展才华的机会和空间，借此机会，向他们以及所有给予我业务指导和帮助的领导老师们，表示最最衷心的感谢！

1990 年 · 保定

搬　家

人的一生，总是要不断地搬家，从农村搬到城市，从平房搬进楼房，从小房子搬到大房子。

我们这一代人搬家，与现在外出打拼的人租房住搬家不一样。过去，只要你是单位职工，人人都有房住，单位没有住房的，由城市房管局提供住房。所以，最早我们租住的都是公有住房，租金不按平方米计算，按卧室的间数计算，不管大小，每间每月一元，从工资中直接扣除。而且，没有租赁期限，只有调离单位或本市时，房子才需要退回。

过去，一般情况下的搬家是为了改善居住条件，但也不都是如此。有时候单位搬迁，改换工作地点，也需要随着迁移。

我自从大学毕业至今，一共搬了八次新家，居住环境越搬越好，居住面积也越来越大。

最早的一次搬家，是从学生宿舍搬到河北财金学校的单身宿舍。那是一个两居室的平房套间，里间由王老师和庞老师两位居住，我和刚分配来的陈志芳老师住外屋。

里屋和外屋都有一个用砖砌成的炉子，这个炉子是供冬天取暖用的，每年的 11 月中旬方可生火取暖、做饭。炉子的烟囱高高竖起，到窗户的顶端高处垂直弯曲伸向室外，煤球燃烧

2021 年与刚参加工作时的室友陈志芳老师在北京相聚

后的二氧化碳气体就是从这里排放出室外的。刚来到这里居住不久，我就因为不会管理炉子，导致煤气中毒，幸亏及时发现，中毒不深，没有大碍。

来到这所房子里，我们四姐妹相互关照，学校对我们的生活也表示了极大的关心。不久，学校送给我们单身职工一台大电视，就放在了我和陈老师的房间里。

有一天，几位老师来看电视，我的男朋友也来了，十几平方米的外屋坐满了人，好不热闹。然而，当电视机打开后，却怎么也调不出台来，大家轮番调试，谁都没办法把影像找出来，只好扫兴而去。

两年多的单身生活很快就过去了，1980 年 2 月 9 日，我与男朋友登记结婚，随后就搬回了河北大学的筒子楼里。这里是大学生宿舍，可供新结婚的职工暂时居住。

过了春节，我带上全部嫁妆，把一对木箱装得满满的，来到了筒子楼宿舍。进屋打扫干净，然后将原有的两张小木床对在一起，打开箱子取出母亲为我做的新被褥铺好，摆放好学校数学教研室的老师们送给我的结婚礼物——一个大红色的搪瓷花盘子。

收拾完毕，又从书包里掏出自己给自己买的结婚礼物——两支精致的钢笔，他一支，我一支，开始记录新的生活。

学校的筒子楼不能长住，只是过渡房，没过多久，河北大学分给了我们一间平房。这间平房位于河北大学南院，一个小房间，没有厨房，做饭成了问题。没办法，只能在屋门口的西侧搭建起了一间3平方米的小屋，有了这间小屋就方便多了，可以在里面做饭和存放所有的厨具。

1980年与老公在保定市东风公园

我儿子在这里出生、玩耍，曾记得有一段时间，孩子的姥姥和两个姑姑都来此居住，大姑在这里复习功课考大学，小姑帮着我照看孩子。一家老少三代六口人，在这间小屋里共同生活，不知道当时的日子是怎么过的，但依然感觉很幸福。

1982年老公和儿子

从筒子楼搬到这里，所有的家具都要置办。当时的工资每月只有40多元，除了生活养家糊口外，没有多少剩余。一位老同学听说我要买家具，就主动提出帮忙购买木料自己打家具的建议。在这位同学的帮助下，花了200元钱，买了半方水曲柳木材，选好几件家具的图样，请来木工师傅开始做了起来。

一个多月之后，四件新家具出炉，一个大衣柜，一张大床，一张写字台，还有一个高低柜，师傅收了45元的手工费。

家具做成了，油漆自己动手。听说刘志全老师具备这一技能，就请他来帮忙，本想让刘老师传授给我们油漆技术，我们自己来，但他非常热情，不用我和我爱人动手，自己全部包了下来，仔仔细细地刷了三四遍。油好晒干，搬进房间，将这间屋子摆得插不下脚。

在当时，我有这样一套新家具，已经是非常前卫了。

说来我也是很幸运的，有一天，河北大学主管后勤的一位领导问我："小刘，你想去你们学校住吗？"并说："我们单位的一个老师在你们单位有两间平房，如果你愿意，可以到他那两间房里住，把现在住的房子退还给学校。"一间房变成两间，我自然非常高兴，当下答应了，剩下的事情，由双方单位主管后勤的同志协商。

没过多久，学校通知我可以搬回单位，到南院最后一排的两间平房里住。年轻的同事们，见我住上了两间带小院的平房，羡慕极了，同时也庆幸我运气好。

这次搬家，从河北大学来到了河北银行学校，将新做的几

1986年儿子在平房家门口

1986年与儿子在平房家门口

件家具放进去，才真正地像个家。

后来学校将南院的几排平房拆除，只留下了临近校园的最后一排，我的房子就在其中。紧接着，学校盖起了两栋教工宿舍楼，在分配楼房时，由于我的居住面积已达标，不属于分房范围，所以新楼房分配没有我的份儿。

想想自己住着独院，尽管没有高墙头和大门口，邻里之间一举一动都能看见，经常互相打着招呼，全部都是独生子女的孩子们整天在一起玩耍不孤独，心里也特别高兴。

我过去的很多学生，现在提起来都说，曾经到我家住的平房里吃过饺子。由于当时招生数量少，我们做政治思想工作的老师与同学们的关系都十分密切，请他们回家吃饭是常有的事。

当时，学校"以人为本"的管理理念处处体现。来到这里居住不久，学校给每个职工发了两把红色软包靠背、电镀支架的折叠椅子，一张墨绿色软包大木床，河北大学的老师们听了，都非常羡慕。

1995 年与儿子在青年路的家里

1987 年，学校在青年路买了一栋小楼，以改善仍居住在平房里的教师们的生活环境，另一个原因是学校改

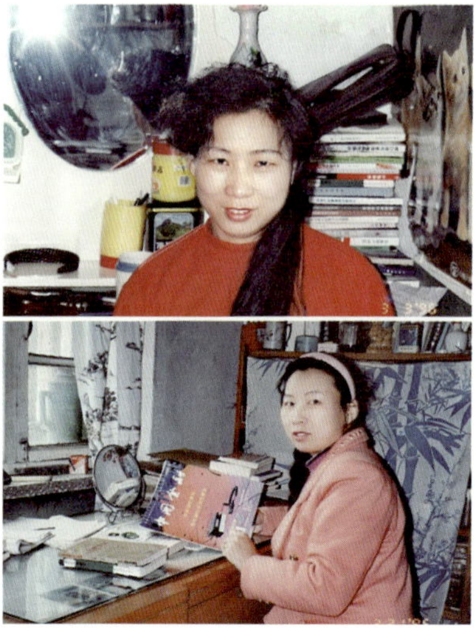

1995 年在青年路的家里

1998 年在红阳路金专宿舍院内

造，准备将平房全部拆除。

这次搬家前，如何分的房我一点印象都没有，但与学校校长、书记、副校长、老同学陈进中和后来的教务处处长陈尊厚老师等，都住在了同一个单元里。我们邻里相处十分和谐，我有事了，敲敲暖气管，住在楼上楼下的老师就会前来帮忙；他们有事了，只要一句话，我也会立刻出现在眼前。

搬家之前，为了给这个新家安排得更加舒适，我找了一家木器加工厂，按照房间的大小定制了一套小转角沙发，并给儿子定制了一张小床和小写字台。黄色的家具配上红色的沙发，给这个家增添了不少温馨感。

在青年路这套 50 多平方米的楼房里，居住了 10 年之后，单位分给了我一套在当时看来非常好的大房子。

那是 1996 年的夏季，学校教职员工们欢天喜地地开始搬入新区。这个新区的宿舍楼位于保定市东部的红阳路，距军校广场只有二三百米。

一个接近20亩地的院落，四栋小高层楼房，院内种满了月季花和白杨树，非常的美观。每户楼下的小房里，还有一个宽大的地下室。当时，为盖这四栋宿舍楼，学校基建处的同志们不辞辛苦，找来普遍认为最合理科学的设计图纸，施工过程中天天奔波在工地，严格监督楼房质量。

2005年在红阳路金专宿舍家中

至今，在附近的旧房小区中，这里仍是最好的，撇开房子的质量好不说，小区里有足够的汽车停车位供业主享用，后院还有一大片空地，曾经是居住在这里的老师们打门球的场地。

1997年搬入新居后的客厅和卧室

这次分房公开透明，我分到了五层东侧一套111平方米的三居室。钥匙拿到手，开始设计装修，从老家一个装修公司那里得知，现在的住房装修最时尚的是软包。所谓软包，就是用壁布和木板或者是壁纸，把室内的墙面全部包裹起来。

看惯了全是白墙的房间，如果墙壁换上花样图案，如同天

2004年儿子在他自己的房间

儿子的同学耿枫和他的女朋友

天住宾馆一般，想想就开心。于是采纳了专业人士的意见，把这套房子装得富丽堂皇。

装修好之后，花3万元买家具，3万元买电器，后来房改时，又花了不到3万元把这套房子的产权买了下来。

1996年装修时，买孩子们身后的这块绿色调抽象图案壁布（见左上图）的时候，着实让我心疼了几天，因为它比我房间里的壁布要贵出两倍多。这款壁布不但图案别致，而且加厚防水，是非常有特色的一款装饰布。儿子从小就喜欢给人以不一样的感觉，他自己看上了，我不得不咬着牙把它买回来。

第七次搬家是2007年，在离开河北大学宿舍25年之后，从河北大学买了一套140平方米的房子。这次装修简单，没有一点装饰，连工带料全部费用5万元。装修入住，买了一套大沙发和两套家具，也算再一次改善了居住条件，住上了带电梯的楼房。

但是，由于孙子入托接送不方便，在河北大学紫园小区没住多久，就又搬回到了当年的金专新区居住。

第八次搬新家，也就是最后一次，由红阳路金专宿舍搬到了维多利亚夏郡小区。

这是一套由单位团购的房子，购买这套住房时，我的手气非常的棒。预购房子的时候，按照我的条件要的是220平方米的跃层，但到了分房时，考虑到卧室小，原有的家具放不下，就调换成了180多平方米的平层。按理说，由220平方米调到180平方米不成问题，可是因为180平方米的房源少，只剩下三套，而且想调换的人有七八个，只能抓阄凭运气。

我一手抓下去，拿出来的就是其中的一套，这还不算，到了挑房的时候，要凭顺序号挑选，而这个顺序号也要抓。这次我抓出来的竟然是“一号”，现场的人们齐声为我喝彩，我自己也在高兴之余，有一种“上天眷顾”的感触。

过去几十年中，我多次搬家换房子，都是自己设计，自己购料，自己监工装修。这次，不想再为此事费心，就请来了一位专业设计师，由他帮忙按照原有的旧家具风格和房间布局，以及我的理念进行设计。

看了这位朋友设计的装修方案和图纸，基本满意，略加修改后全部包了出去。

说来，我也是个疲于奔波却不善于享受的命，连续装修了两套大房子，都未能长住。现在，依然经常住在北京不足60平方米的小房子和当年的金专宿舍里，因为北京的小房子离孙子的学校近，而且位置也好，距离北京站只有3000米，坐火车非常方便。当年的金专新区距离我老公上

2010年维多利亚夏郡小区新家客厅

班的工作地点近，岁数大了，他宁可住近一点的旧房，也不愿天天跑更远的路。

我平时在北京，保定的大房子居住得很少，只有在节假日或孩子们都回保定时，才到维多利亚夏郡小区的大房子里住几日。

从我多次搬家的经历可以看出，老师们的居住环境和生活条件逐步改善，大家安居乐业，生活越来越美好。

一生之中，有这么多次搬家的经历，也是令人难以忘怀的。

过去人们常讲，“吃水不忘挖井人，幸福不忘共产党”，现在生活在如此宽敞优美的环境中，更应感觉恩，知足常乐！

最后一次搬家后的居住环境

2014年·保定

退休生活

2014年10月，法定退休的日期临近，我的心情很愉悦。为事业劳累了几十年，终于可以休息了，所以发自内心地高兴。

退休前，我来到了院长办公室，陈院长对我说："退休后仍要继续发挥余热，到教学质量监控中心干你的老本行，继续做教学督导工作，时间上可以灵活掌握，不用坐班，咋样？"

校长都这样说了，我哪里还好意思推辞，况且，自己带的研究生还没毕业，仍需要常来学校。没过几天，我就来到了学校教学质量监控中心，再一次当起了教学督导员。

这次重返教学督导岗位，已今非昔比，教学质量监控中心有两名教育学专业毕业的博士，有一支学科齐全、能力很强的督导员队伍，有过去和我一起当教学督导员的好友梅丽老师，她现在是教学质量监控中心主任。

教学督导的管理机制也发生了很大变化，其职能越来越宽泛，从"督教"到"督学"，再到"督管"，全方位展开。

我来到这里工作，天时、地利、人和，一切顺心如意。

在教学质量控制中心工作是非常愉快的，我和其他督导员一起听课检查、学习讨论以及外出参加相关会议，学习新的教学管理理念，开阔眼界，增长知识。

2016 年与教学督导组的老师在中山大学珠海校区参观学习

退休返聘后的教学督导工作照

不知不觉中，4 年又过去了，在有生之年能为学校多做点事情，我感到了欣慰和退休生活的充实。然而，孙子要去北京上小学，需要人照看，我不得不辞去教学督导工作，陪同进京，单独享受天伦之乐。

掐指算来，从 1978 年大学毕业分配到这所学校工作，到 2018 年离开，整整 40 年的时间，真可谓弹指一挥间。

真正离开了学校，又感到失落。2019 年毕业季，我回到了校园里，那天河北金融学院的操场上，一群群穿着毕业盛装的大学生们，正在兴致勃勃地拍照。此时，我也再一次穿上了导师服，手捧着耿雨杨同学送给我的鲜花，站在同学们中间与大家合影留念。

时光飞逝 40 多载，我在河北金融学院放飞梦想、辛勤耕耘，桃李满天下。今天要和我的最后一届本科生分别，还真有

左图：2018 年与河北金融学院原办公室主任唐志江教授在主楼前合影；右图：2019 年与同事胡继成副教授（右）、袁国强博士（左）在办公楼大厅合影

2019 年与袁国强老师一起欢送即将毕业的学生

点舍不得，心里空荡荡的不是滋味，当即把刚刚拍下的照片发到了朋友圈，并抒发感慨。

离开工作单位，虽然说有点难舍难分，但这是人生必走的一步。回家带孩子是为儿女帮忙，也是对国家、对社会的一种奉献。向祖国输送健康活泼的少年儿童，也是我们这些离退休老教师的光荣使命。所以，我觉得为祖国的未来培养合格的建设者和接班人尽一份责、出一份力是应该的。

小时候，我们唱着“我们是共产主义接班人”的歌曲长大，现在老了，要让孩子们把红色歌曲传唱下去，把中华民族的优良传统和艰苦奋斗的精神发扬光大。因此，用我们的行动影响教育下一代，促使孩子们从小树立起远大的理想，这也是一项

2018 年在云南洱海

光荣而艰巨的使命。

然而，孩子们成长的大环境是无法改变的，尽管我花费了一番心思带孙子，但往往达不到理想的效果。不得不承认，我这个大学教授，管不好现在的小学生。

当然，有些时候小孙子会听我的话，比如，去年疫情暴发时宅在家，我要求他熟读教材上的每一篇课文，学习抗击疫情的先行者，学做好人好事，养成生活好习惯，等等。孩子在以上方面做得都比较好，同时，还完成了《最可爱的人》《钟南山爷爷》和《防疫小常识》等习作。

也许，旅游和摄影是退休人员的共同爱好或兴趣。但是，对我而言，这一兴趣不是退休之后才产生的，只是上班的时候没有多余的精力和时间去做这些事情。

记得上大学的时候，我们开摄影课，我天天把自己关在暗室里洗照片，放假回老家时，也时常带上照相机到处拍照。那时候，我就想将来当一名业余摄影师。

大学毕业工作以后，我也曾有过这样的梦想。有一天，数学教研室主任何维英老师交给我一项重要任务，他让我拟定一个筹建物理实验室的计划，说是学校准备开设相关课程。听到这个消息，我这个物理系光学专业的大学毕业生，自然非常高兴，愉快地接受了任务。经过一个多月的周密思考和认真调查研究，撰写出了《关于筹建河北银行学校物理实验室的计划报告》。在这个报告中，有一部分内容是关于购置照相器材的。可惜这个计划未能实现，成了我参加工作初期的梦想。直到40年后离开工作岗位，我又成了追梦人。

近几年，旅游给我带来了极大的乐趣。在祖国乃至世界各地留下自己的足迹，用大自然的气息滋润心田，把世界各地的风土人情化为情怀，将壮观美丽的祖国大好山河收入镜头、存入脑海，是多么美好的生活呀！

2021年与九四级金融一班曾宪洪（右一）和孩子们在古田会议旧址

旅游是如此的使人开眼界、释情怀、增知识、健身心，想想就开心，人在旅途更是心旷神怡。

2021年和老公在福建龙岩与校友张万祥（右一）、曾宪洪（左一）相聚

在出游期间，我参观游览了许多革命圣地，先后去过延安、井冈山、西柏坡、韶山、龙岩古田会议旧址等。参观了毛主席故居、革命老

2017年在上海

区、新中国成立之前的人民币厂旧址，接受红色宣传和革命传统教育；去过深圳、香港、澳门以及上海等发达城市，亲身体验社会主义市场经济体制下的生活工作节奏，感受“一国两制”；去过祖国的名山大川和边陲，领略祖国美丽的山河和辽阔的疆土；参观了许多寺庙，了解宗教思想，追溯中华民族的浩瀚历史和文化渊源；还去过一些经济发展比较落后的国家和地区，行走在经济欠发达国家的街道上，似乎看到了我国改革开放初期的景物。

通过旅游，还可以锻炼身体、挑战自我。中年时期，我就有膝盖疼的老毛病，退休后经常走步锻炼，到处旅游爬山，膝盖疼的毛病不但没有加重，反而大有好转。

在爬香山的时候，有很多年轻人累得气喘吁吁，爬一会儿就休息，而我一鼓作气爬上山顶；爬玉龙雪山，许多人带上氧气瓶边走边吸，但我不用这些，一直坚持爬到海拔 4 680 米的最高处；爬峨眉山，刚到半山腰，雨雪交加、路滑难行，我坚持前行不退缩，终于来到了金顶；游览恩施大峡谷，我成了领头羊，到达顶峰返回时拒绝乘坐扶梯，一路小跑下了山，当天走了 35 000 步，次日照常出游腿不软。这些亲身体验，充分感受到了挑战自我所带来的快乐。

敦煌是我年轻时一直向往的地方。2019 年，我约上单位同事赵老师，来到莫高窟景区，探秘这里的历史文化和自然风光。

为了让旅游、访友二者兼顾，在网上报了青海的旅行社。到达了兰州、西宁和银川等省会城市，与我过去的学生们小聚。同学们把我当成最尊贵的客人，用最隆重的仪式欢迎我的到来，带我品尝最纯正的当地美食，游览周边美景和名胜古迹。对这些学生们的热情接待，我充满着感激。

2020 年 10 月，新冠肺炎疫情缓解，我一个人来到了新疆乌鲁木齐，足迹踏遍南北疆，并计划在 70 岁之前进藏，将布达拉宫神秘的面纱揭开。同时，期盼疫情尽快过去，敞开国门，也好让我们这些旅游爱好者走向世界。

2019 年在敦煌莫高窟景区

在旅行期间，每走过一处，我都会用手机拍下许多照片，每张照片的背后都有一个美妙的故事，闲暇之时，我便开始整理这些照片，书写其中的故事……

旅游生活和摄影是融为一体的。摄影是门艺术，也是一门学问，看待问题的角度不同，捕捉影像的视角也不一样。每个人都有不同的审美

近年来旅游时去过的云南玉龙雪山、海南和北京等地

观，所以抓拍出来的照片千差万别，各具特色。

在这方面，有很多人做得很完美，我也进行了一些研究和尝试。但是，自认为做得还不够好，主要原因是技术和对自己的目标定位不高，有待于进一步学习，以便增强自己的照相技能，为丰富多彩的退休生活记录下更多美好的瞬间。

2021 年 9 月 28 日，河北金融学院召开了校友企业家（行长）论坛，我有幸到场参会。会上聆听了校友们精彩的演讲，

2021 年与参加河北金融学院校友企业家（行长）论坛会议的校友代表合影

2021 年与学院党委学生工作部部长郑艳娟、保险与财政学院院长王香兰的合影

校友安徽华恒生物科技股份有限公司副总裁张冬竹送我的鲜花

从中了解到他们在职场上奋斗的经历和成功的业绩。听着大家在成长路上付出的艰辛和干出的事业，我这个当老师的为之骄傲。

会议结束，校友们邀请我共进午餐。来到餐厅，九五届毕业生张冬竹给我送上了一大捧鲜花，八八级城金二班郝照明也非常谦虚地对我讲述了他服务社会、创办青岛如是书店的过程。看着这些事业有成的校友，我再次感到了欣慰。

我的父亲母亲

1998 年 · 保定

我的父母亲，养育了我们兄弟姐妹六人。小时候虽然家境贫困，但在当时的农村，也算得上是知识富足家庭。

1976 年与父母和大哥大嫂、大姐老妹、小弟及侄子侄女合影

解放前，父亲受过良好的传统文化教育，私塾毕业后当学徒，出徒后，在庄园海产实体从事财务工作。解放后，父亲回村入社，成了一名有文化的农民，此后一直担任着队里的会计。

母亲随父亲操持家务，孝敬老人，养育子女，劳累了大半生。新中国成立前，母亲凭借着高超的织布技术，为四个房头一起生活的大家庭赚钱谋生，深得当家人我奶奶的喜欢。

父亲与他刚入社时的农业生产合同书

母亲与她亲手织的花条布

大哥受奶奶爷爷宠爱，自幼上学读书，1968 年高中毕业后，应征入伍。

大姐从小在生产队里劳动，帮助父母扛起了这个家，后来进入公社修造站，成为一名社办企业的员工。

我和两个弟弟也从小上学直到高中毕业，只有小妹顽皮不爱读书，初中没毕业就进城做起了生意。

1996 年，我与大哥在城里置办了一处房产，将父母接进县城，一来方便我们兄弟姐妹照顾，二来城里的生活环境比农村好得多，让父母二老过上幸福的晚年生活，是我们当子女的共同心愿。

然而父母却不能与我们长期相伴，二老相继离世，我都因工作缠身未能在床前尽孝和为他们送终，痛断肝肠。随着时间的推移，虽说已经放下，但思念之情常常魂牵梦绕。近两年，每逢母亲节或父亲节，我都在朋友圈里发短文，以追忆双亲、释放情怀。今日，再次想起父亲和母亲，回忆往事，记录下与父母共同生活的日子。

我的母亲

左清云（1927 年 8 月 28 日 —2003 年 11 月 18 日），一个

我的母亲

淡雅而时尚的名字，她就是我的母亲。母亲离开我们整整18年了，但是，她老人家的身影在我脑海里永远不会消失。

我母亲1.66米的个头，短发、大脚，身材标致而端庄，年轻的时候完全是现代女性的模样。

母亲从小酷爱纺线织布，练就了一手好技术。18岁那年嫁到刘家，她用勤劳的双手和善良的心，帮着奶奶支撑起四房妯娌、四代同堂一起生活的大家庭。解放前，母亲不分昼夜地纺线织布，用自己的双手和智慧，与兄弟姐妹们一起为这个大家庭换来丰衣足食的生活。

母亲在我的心目中堪称民间艺人，她织布的速度无与伦比，她老人家的一台织布机伴随着我长大。人民公社成立后，为了让我们兄弟姐妹吃饱穿暖，母亲白天下地干活儿，晚上纺线织布，经常熬夜到天亮。

把棉花纺成纱，再到织出各种条纹的粗布，需要几十道工序，而且不是一个人能完成得了的，因此，我自然而然地成了母亲的小帮手，一有空就帮着她老人家架线。有时候，还常常坐到织布机上扔上几梭子，但是织出来的布非常难看，与母亲织的相比，简直是天壤之别。

母亲织布最大的特点是又快又好，“快”到她手中的梭子左右横飞，脚蹬闸机和手推拉扣板的动作，看上去令人眼花缭乱，织布机发出的咣当、咣当的声音连成一串，与电动织布机发出的响声基本相同。一台木制人工织布机，在母亲的驾驭下，就如同安装了电动机，高速运转。

母亲在保定

我时常站在一边细细观看，只见母亲笔直地端坐在织布机前，时而挺胸抬头，目视由高到低的经线；时而弯腰查看，连接断线，更多的时候则是脚蹬控制经线的两只踏板，快速用力使双层的经线加大张力。同时，一只手捏住存放纬线的梭盒，平行推扔，梭子一出手便拉推机板，扣紧刚刚穿过的横线，另一只手接过梭盒，双手交替重复以上的动作。

母亲与我一起生活的日子

据母亲说，动作越快，用力越均衡，织出的布就越平整好看。

母亲织布的速度虽然不能和七仙女相提并论，但在当时手工织布的农村妇女中，绝对是数一数二的。用母亲自己的话说，她嫁到刘家以后，就成了一名织布女工，当年跟着奶奶一起生活，全家十几口大人分工协作，母亲只负责织布。每天早晨五点钟上机，一直织到晚上才下来，中间只有十几分钟吃饭休息，母亲一天工作十几个小时，能织三四匹布。

这些布奶奶会让负责做生意的二伯父拿到外面，走街串巷卖掉，换回钱用于日常生活开支，或是积攒下来用于购买田地。所以，解放前母亲织的布，除了给全家人添置一些衣物外，绝大部分都被当作商品卖掉了。

解放后，母亲和广大农村妇女一样，投身到了人民公社的劳动中。20 世纪 50 年代，母亲在生产队食堂做饭，我们小孩子都在幼儿园吃饭，幼儿园的饭我不爱吃，母亲怕我们挨饿，就把她食堂里的那份饭省下来，拿回家分给我们充饥。

这就是天下母亲最伟大的爱！

1977 年与母亲在山西灵丘

1977 年随母亲去山西某部队探亲与二弟的合影

时光飞逝，就如同当年母亲手中的梭子，转眼我们做子女的陆续成家立业。母亲的黑发也染上了白霜，她老人家又帮着我们带孩子、做针线……

想起那年我带母亲到直隶总督署参观，买票的时候售票员问，“老人身份证？”没等我回话，母亲就大声说，“我今年 70 岁了！”售票员探出头，瞧了瞧说了声：“老人不用买票。”母亲的这句话，替我省了 30 元，因为母亲根本没带身份证。

一块漂白布，母亲为我绣上蓝色的花贴，铺在床上格外大气，一用就是十几年。想着这些往事，不由得一阵阵心酸……

清明节到来之际，我再次回想母亲跟着我一起生活的日子，好似就在眼前，一股思念母爱、缅怀双亲的激情油然而生，只能喃喃自语，告慰亲人：亲爱的母亲，您若地下有知，请善待自己……

我的父亲

刘国昌（1925年6月18日—2009年7月28日），字鸣岐，是我的父亲。

1996年与父亲的合影

我的父亲自小受到奶奶爷爷的偏爱，与三伯父一起上学读书。后来三伯父离家参加了革命，抗日战争中不幸牺牲。就在三伯父牺牲的当日，父亲曾做了一个噩梦，梦见他三哥骑着一匹白马，手里提着一把血淋淋的大刀，气喘吁吁地由东向西朝家跑来。父亲打开大门，只见三哥浑身是血站在眼前，吓得他浑身出了一身冷汗，从梦中惊醒……

这是父亲在世时，常和我们讲的一件事，并说他胆小，不敢和三哥一起出去打仗。由此可见，父亲和三伯父感情深厚，但志向不同。虽然他也是自幼一人离家在外打拼，却一直跟着掌柜当学徒，人民公社成立后，父亲回村当了一名有文化的农民。

在村里，他先是任大队会计，随后几十年直到实施联产承包责任制之前，一直担任生产队会计。

下面第一张照片，是父亲和三伯父上学时所使用过的课本，第二张是父亲为生产队记的账簿。我知道父亲的字写得很

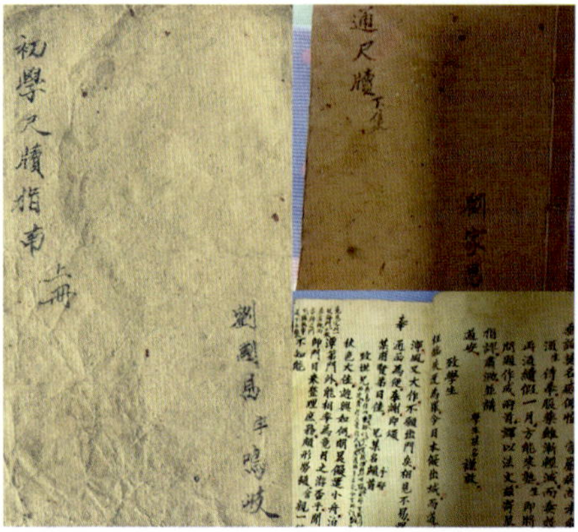

父亲和三伯父上学读书时用过的课本

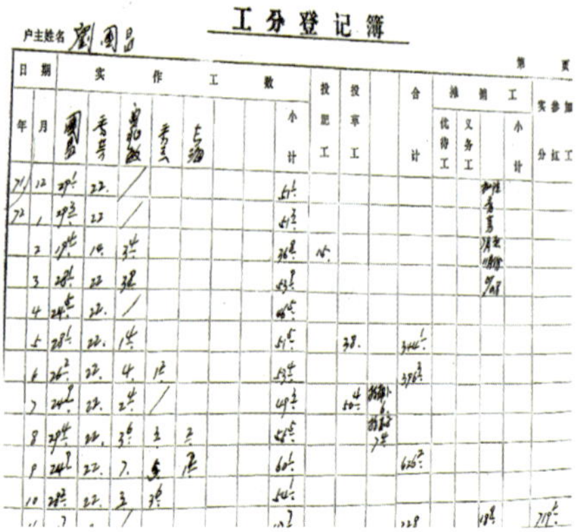

1972 年父亲为生产队社员记的账簿

好，但没见过三伯父的字。据资料记载，三伯父刘家昌，字鸣皋，是沧州市老盐山中学最有名的学生，传说能双手题字，是进步青年中的领袖人物。

1993 年，我曾和父亲一起，到南皮县三伯父战斗过的地方，寻找烈士的骨骸，但当时没有能够实现父亲的夙愿，我们只能捧了两捧土带回家。

父亲自幼熟读四书五经，对孔孟之道等儒家思想和伦理领悟颇深，对其中的一些经典篇章倒背如流。中华传统文化在父亲身上根深蒂固。他对奶奶爷爷非常孝顺，在我的记忆中，父亲每次外出，都要花大价钱给爷爷买衣物，爷爷房间里好吃的东西也总是不断。

值得一提的是，自从奶奶去世以后，爷爷的一日三餐都是用细粮单独由母亲或父亲精心制作，我有时候会帮着将做好的饭菜送进爷爷的房间。炕的中间放上一张小饭桌，让他老人家独自在此享用。另外，父亲兄弟四房，爷爷一直在我家吃住，十多年过去，父母没有半句怨言，也从未有过攀比。

父母孝敬老人的言传身教，深深地影响着我们。

记得 1976 年爷爷临终前，用过的褥子脏了需要拆洗，正巧被前来看望爷爷的婶子和大娘碰上，她们都有意要帮忙，但却因气味难闻无从下手。我见状说了声：“我来！”便上前拉起褥子的一角跑出院外，扔到了离家不远的水坑里，然后下水一顿冲刷，帮着解决了难题。

父亲对中华民族的历史也颇有研究，每当说起中国近代史，都讲得头头是道，如数家珍。

我的父亲虽是一位普通的农民，但他有文化、有远见，在吃不饱饭和“读书无用论”盛行的年代里，他老人家呕心沥血，供出了我们兄弟姐妹五位中学生。

他貌似严厉，却心地善良。曾记得我生病了，他背着我从村东头跑到村西头去看医生，让我充分感受到了父亲那摇篮般的肩膀好宽、好温暖。

1985 年父亲与儿子和侄子在农田里

父亲的一把算盘陪着我长大。小时候村里还没有安电灯，父亲在生产队记完工分回到家，就坐在煤油灯下，教我识字、打算盘。上小学时我跳了两级，四年时间学完了六年课程，完全凭的是父亲帮我打下的基础。

我离开家上大学那天，父亲赶着一头毛驴，拉上一只木箱，二十里相送。一路上，给我讲述做人做事的道理，使我终生难忘。

出嫁以后回到家，为了让我睡懒觉，他老人家为我看孩子、做饭、削苹果，至今历历在目……

然而，父亲病重时我却没能在床前尽孝，仙逝之时也未能相送，留下了终生的遗憾。

2017 年的父亲节，我曾以“遗憾”为题写短文，以抒发内心深处的愧疚感，并发至朋友圈。不曾想招来诸多朋友纷纷评议，一位好友为我作诗一首：

过往未敢勤回味，
夜永星寒梦已碎。
多少憾事留长恨，
伤心肺，
春秋不尽青衫泪！

这个话题太沉重了，我特别说明不让大家评论，但却在无意中触碰了同病相怜的朋友们的伤心之处。我教过的学生，时任河北省财政厅社会保障处处长黄振平，回复了我下面这样一段话：

愧对先人，今生无补之悲哀心境，数十年萦绕于怀，挥之难去。花凋叶落，夕阳沉沦，星夜无眠，伤感尤甚！十数年相语无人，今见师哀悼自责，故共鸣有加！师乃知恩、知礼、知义之人，仰而得教，心有慰也。

另有一位女同学张学媛写道：

去年我老爸走了，我因为工作离不开，当天下午才赶回去。晚上老爸就离开了我们，我一直难以释怀，后悔来晚了。其实，人生最痛苦的事情，就是和亲人永别。

我回复他们：“忠孝难以两全，既是无法弥补之事，就让我们把父辈留下的光荣传统发扬光大吧。”

这样做，也许这是对已故亲人的最大安慰。

二　嫂

2006年·保定

我的二嫂性情刚毅，为人热情，做事坦荡，一生为他人着想，唯独没有疼爱过自己。然而，病魔却夺走了她酷爱的生活，永远地离开了我们，我无法接受这个现实。

在她病危之时，我用手机，含泪书写了这段文字“二嫂”。

我的二嫂是一位伟大的母亲，养育了一双优秀的儿子，大学毕业成为国家的栋梁；是一位孝顺的女儿，在四位老人床前尽孝，连同我的父母也受到她无微不至的照顾；是一位好妻子，每日清早五点起床，为进城工作的丈夫做好中午的饭菜，晚上八九点准备好热粥热饭，耐心而又有些焦虑地等待着在公路上开车往家赶的他；是一位好邻里，与周围的邻居和睦相处，互敬互爱，礼尚往来；是一位好妯娌，一次又一次地给我送上姐姐般的深情厚谊。

二嫂早我几年嫁进陈家，与二哥同甘共苦，担负着侍奉公婆、引领弟妹的责任。自从1980年我来了，她心中的快乐和忧愁开始对我诉说，不久我们成了最好的姐妹。

20世纪80年代，我工资不高，每逢春节回家，给两个侄子每人亲手缝制一件新衣服，在二嫂枕头下放上二三十元钱，以表达我的心意。

随着改革开放，允许一部分人先富起来的政策，给二哥二嫂带来了曙光。他们凭借自己的智慧和吃苦耐劳的精神，开始寻求致富之路，在创业过程中，度过了最艰难的岁月。

我的二嫂

起初，制作涂料。工作时，二嫂穿着长长的围裙，身上沾满白色的涂料，头发上斑斑点点，好似无数片雪花飘落在她那柔软的短发上。见到她这般模样，我心里越发感到二嫂她貌美、能干，更敬佩她勤俭持家的精神。

功夫不负有心人，二哥二嫂发奋创业，终于走上了脱贫致富的道路。万元户现在来看不算什么，但在当时还是少见的。

家里有钱了，花钱的地方也来了。有一天，接到二嫂的电话，说婆婆的病需要到北京去治。我陪同二哥来到北京肿瘤医院，后来居然历经五年多的时间与这家医院打交道，花费了好大一笔钱。

婆婆治病和后事的费用全部由二哥二嫂承担，没用我们掏一分钱，我打心眼儿里感激二哥二嫂的付出。然而我心里清楚，他们虽说是万元户，但比起我们这些城里人也富裕不了多少，完全凭的是兄弟情分和二嫂的大度厚道。

时间过了一年又一年，公公一直跟着二嫂生活，让我们安心工作。二嫂对我工作上的支持和生活上的关心，使我没齿难忘。

1996年与二嫂通电话

用二嫂送我的钱购置的家具

有一年春节前后，一家银行邀请我做一次为期两周的讲座，春节之前讲到农历二十八，春节过后正月初八又要去上课。过了春节临走之前，二嫂拿来一大包现金，对我说："以后别再出去讲课了，这些钱你留着自己花，用不着再这么辛苦去挣钱。"听着二嫂的一番话，感动得不知道说什么才好，只能对二嫂说："我外出讲课不完全是为了挣钱。"但是，她哪里明白。即便是二嫂明白，她也不愿让我过于劳累。

二嫂的钱是用她的汗水换来的，我怎好收下。

1996年，单位分给了我一套新房，二哥拉来半车木料帮着装修。房子装好了，二嫂又送来现金三万元，并说："你们结婚的时候家里穷，没送礼物，这点儿钱拿去买几件像样的家具。"天底下哪里去找这样的好妯娌，但是我有！

过了几天，我把钱交给了正在河北大学读书的侄子，让孩子们替我买套永不过时的家具。每当我看到这些家具时，心里都在想，这是二嫂送我的。

2012年，有一段时间我住在家里服侍卧病在床的公公，二嫂一日三餐做好饭菜，端到我的面前，使我感激不尽。

90 年代，在二哥二嫂的支持下，我无忧无虑地去追求工作上的卓越，然而疾病却接二连三地找上门来。1998 年、2000 年我两次住进医院，二嫂除了叮嘱正在河大读书的大儿子细心照顾我之外，又送来了现金两万元。其实，当时治病花不了这么多钱，即便是花钱，费用也全部由单位报销，哪里用得着他们的钱——可不收不行。

另外，二嫂疼爱我的儿子胜过疼她自己的儿子，每次回家，不是 600 元，就是 1000 元，一年不知道给多少次。这份情，也深深激励着我儿子读书上进，同时，我儿子的心里也时常装着他的二大娘。儿子结婚那天，就当着我的面对他媳妇儿说："将来你一定要好好孝敬我的妈妈和二大娘。"

提到我儿子结婚，二嫂比我这个当妈的还要上心。儿子结婚前，二嫂打电话叫我回家，说由她帮着做被子，并说棉花早就买好了。回到家，二嫂按照农村习俗，请来两位家人齐全的邻居，你一针我一线地缝制了起来，二嫂将棉絮加了一层又一层，

1995 年儿子在二嫂家后院

1995 年我在二嫂家前院

生怕她的侄子冻着。

时过境迁，孩子们成家立业，我们也已经老了。但是，我和二嫂的情谊不减当年，隔些时日就打次电话，相互问候。有一天，她两次语音视频给我，我都没有听着，当我发现后再给她打过去时，她却不接听。莫非是生病住院了吗？心生疑虑。

近两年，我们俩虽然都居住在北京，但由于各自忙碌，近期不曾相见，所以我决定去看看她。过去一段时间，我也曾多次提出去看她，但她不是推脱有事，就是说不在北京。我似乎预感到了什么，想问问侄子，却又不愿直言，只能等待二嫂的来电。好不容易接通了语音视频，我俩聊了五分钟，听声音我断定她的身体欠佳，就提出明天一定去看她。这次，她见我执意要去，终于同意了。

次日，正当我准备出门时，二嫂来电话说，临时有事决定回老家，暂时离开北京，不让我去了。听后，我虽然有些疑惑，但嫂命难违，只好推迟探望。万万没有想到，这是我俩最后一次通话。

当我们再次见面时，二嫂只能含着泪花用心与我说话。我望着她那憔悴而慈祥的面容，后悔自己来晚了，不该一直等待着她的同意再来看她。

其实，她不让我去看她，不是因为忙，而是因为近一年多她根本就没在家，一直住在北京的医院里。为了不让我们为她担心和花费时间，对所有的亲朋好友都隐瞒着病情。直到她病危时，二哥才通知我们回家看望。

见到二嫂后我悔恨交加，后悔自己没有及时去关心二嫂，辜负了二嫂多年对我的疼爱，在她病魔缠身，人生最难熬的日子里，没有尽到我的义务去陪伴她；更恨自己再也没有机会以任何方式回报二嫂，痛心疾首。

二嫂走了，我泪如雨下，泣不成声。三个月过去了，我满脑子里浮现的还是她的音容笑貌，无法从悲痛和思念中摆脱出来。

现在，我唯一能表达的就是送上几束鲜花——亲爱的二嫂，安息吧！

半年之后的2021年农历十月十一日，早晨5点半。

今天不知道是什么日子，梦中想二嫂，一次次哭醒，醒来以后接着想，擦不干的眼泪一直在流淌。抑制不住内心的悲伤，打开早已经写好的回忆录，对着电脑屏幕，再一次哭叙对二嫂的思念。

回　家

1980年·保定

回家，是最令人激动和兴奋的事，准备好大包小包，带上各式各样的礼物，送给最亲爱的人，想想就开心。春节快到了，不知道又有多少人早早地为回家做准备。工作之余，想着回到家那热闹的场面，忍不住嘴角上扬，期待着这一时刻快点到来。

期盼回家的心情人人有之，总觉得时间过得慢。好不容易盼到该回家了，又觉得礼物还没有准备充足，但是车子的后备箱已经装满，再也塞不进任何东西。

如今，不管回家的路有多远，所花费的时间都不会太久，乘坐飞机、高铁，自驾或是骑摩托车，一路飞奔，很快就能到家。外出工作的人们，不辞辛劳地在回家的路上，一次又一次地来回奔波着……

我走过最多的回家路是保黄公路。这段早年修的公路，约200公里，过去的班车通常情况下要跑六七个小时。因为有些地段道路两旁有集市，若遇上赶大集，一堵就是个半小时，一路不知道堵多少次。现在，高速路虽然有些绕远，但两个小时准能到家。

父母在的时候，我每次回家之前，常常因为激动和高兴久久不能入睡。当走在那条回家的路上时，又由于归心似箭而感觉路途遥远漫长，恨不得马上到家与亲人团聚。一旦回到家中，那热闹的场面会立刻将旅途的疲劳和急躁的心情驱散。

1996 年带着爱人和孩子回到父母亲的家里

然而回家的路总是要一步一步走的，有时候天不遂人愿，你越是心急，路越不畅通，走得越慢。这段回家的路，我走过最长的一次是 12 个小时，从早 7 点一直走到晚 7 点。那次是碰上了赶集的日子，汽车走走停停，慢得就如同步行。

2012 年侄子在我家所在的小胡同里

后来的一次回家最让我心急，晚上 8 点钟上了专车，到了第二天凌晨 4 点多才到达黄骅市，一夜之间急得我添了许多白发。

那是 2003 年的冬天，傍晚二弟打来电话，说母亲快不行了，一直念叨着我的名字，希望能赶紧回家。放下电话我马上找了辆车，顾不上带任何东西下了楼，焦急地等待着车子来接我。上了车，开始还算顺利，但越走越慢，大雾笼罩着夜空，能见度不到五米，没有办法，车子只能慢慢开，好不容易穿过了雾带，没走多远又来了另一条更宽的雾带，汽车如同蜗牛般向前爬行。这次回家的路走得如此艰难，我心急如焚，又无可奈何。

1991年在自家的责任田里

在前一段时间里，我就一直盼着赶紧讲完课，回家陪母亲过个年。然而，她老人家却不再等我，回到家时母亲已经走了，我肝肠寸断，再也没有机会与她老人家说话，后悔莫及。

过了一个月，我从黄骅回保定。那天，寒风凛冽，大风吹打着车窗，似乎要逼车后退。环顾四周，车上只有我一名乘客，不免有些胆怯。汽车好不容易开到河间市，却被交警截了下来，不知道是什么原因客车被扣。正当我准备下车回河间的家中住一宿时，乘务员对我说："大姐，你有没有办法找个熟人把车要回来，不然我们今天回不了家，家里人会放心不下的。"

经他这么一说，我也想早点回家了，于是就给在河间城里工作的二哥打了个电话，二哥听后，叫来警察朋友，很快处理完此事放行，我们当天平安地回到了家。

从那以后，每当我再次乘坐这趟班车时，司机和乘务员都不再让我买票，还总是大姐长、大姐短地问个不停。可见，家乡人是多么重情义、讲感恩。

最近几年，我每周都往返于保定和北京两个家中，每逢周五从北京回保定，周一从保定返北京。一般情况下，周五下午三点多从学校接上孙子，急匆匆赶地铁，上6号线换乘10号线再转乘亦庄线，来到五环之外的北京市经济技术开发区，把孙子送回家。此时孩子他妈早已等候在地铁口，我用不着出站，送下孩子反转坐上回城的地铁，而后换乘 5 号线转 2 号线，来到北京站。上了火车，两个小时之后就到了保定的家。

2021 年的全家福

回家虽说旅途辛苦，但心情是很爽的，就如同从笼子里飞出的小鸟。然而，那天回家却不怎么顺利，由于转乘途中没挤上地铁，耽误了时间，到了北京站预订的车次已经开了，只好改签车票明日再走。

北京到保定的车次很多，但大部分都在北京西站始发，因为我家就住在北京站附近，通常情况下我不会舍近求远。

我最喜欢乘坐的是早上六点零三分北京发往邯郸的那趟列车。清晨回家比晚上挤地铁赶路要舒服得多，因为马路上的行人和车辆稀少，空气新鲜，轻装步行，半个多小时就能到达北京站。

第二天早上出门后，一路上听着鸟儿清脆的叫声，看着洒水车喷射出的瀑布般美景，心旷神怡，不知不觉中就来到了北京站附近。此时，环卫工人早已走上街头，正在忙着清扫路面。清晨我行走在这样一个充满温暖的冬天里，心情格外舒畅。

上了火车离开车时间还有 20 分钟，与往常相比早了一些，可能是因为回家心切，脚步加速的缘故。为了打发时间，我拿出手机看视频、听广播，很快火车驶入保定市区。此时，车厢里传出乘务员的声音：“保定车站到了，在保定下车的旅客请带好自己的物品下车。”听到这温馨的提示，给我的第一感觉是到家了。

1986年与大姐（右一）、老妹（左一）的合影

保定是三线城市，我从1975年来到这里读书、工作、成家立业，对这座城市有着深厚的感情。所以，每到周末都要回来看看。当然也为还在天天工作忙碌，顾不上打理自己的老公。

回到家我就如同一个钟点工，打扫屋子、洗衣做饭、外出购物忙个不停。忙完了，周一上午启程，又要返回北京的家。

2017年与大姐（中）、老妹（左）一起参观老家的旅游景点

虽然说北京的家里各方面都好，但毕竟不是自己的家，只有在自己的家里，才会真正找到那种舒适、安逸和温暖的感觉。

家——是一个有温暖、有爱的地方，父母的家就是自己的

2018 年与老家姐妹刘秀平（下图左一）、刘秀玲（上图右一）等大仁村“50 后”姑娘回娘家相聚

家。尽管我的父母都不在了，但老家还是要常回去看看。看看兄弟姐妹，看看邻里乡亲，看看家乡的一草一木。有时候，还需回老家给晚辈们结婚、生子送上一份祝福。

如今，回老家的路已是全程高速，然而，当我行驶在回老家的高速公路上时，心情却没有了当年的那般激动和兴奋，因为家中没有了二老双亲。

我儿子

2021年·北京

再过几天，就是我儿子40岁生日。回想过去39个生日，我都没送过他任何礼物，好像连生日蛋糕都没亲自给他买过。今年，在他40岁生日到来之际，我写了这篇回忆，记录了他成长的过程，送给他，希望他能喜欢。

儿子小时候过生日，通常在姥姥家，早饭姥姥给煮上一碗面条，卧上两个鸡蛋，就算过了。上学了，同学们给过，有时

儿子3岁

儿子4岁

候同学家长给做上一桌子好菜，请他和几个要好的同学撮一顿；偶尔在家里过一次，也是他自己买来饮料和蛋糕，叫来几个同学连吃带玩热闹一番。工作了，在单位由领导和同事们给过。结婚了，媳妇给过，丰盛的晚宴给全家人带来欢乐，有时候，他的儿子还会送上亲手制作的小礼品，给他带来一份惊喜。这次 40 岁生日，我又可以跟着吃顿大餐，顺便送他这份具有保存价值的礼物。

儿子 5 岁

儿子小时候非常调皮，在姥姥家爬墙头，被姥爷拿着棍子往下赶。姥爷在院子里大声喊着：“陈少哎，你快下来！”他在墙头上应声道：“刘老头，你快上来！”这是我亲眼看见的场面和亲耳听到的对话。

在奶奶家，我们包饺子他却在扬土玩儿。“把饺子弄脏了还怎么吃？”奶奶边说边举手，吓唬着要打。“那就别吃啦！”儿子边说边将盖帘儿翻倒在地，饺子撒得到处都是，气得奶奶大骂一通。

儿子 5 岁

那时候经常想，这样的孩子，不知道长大了会变成什么样子。

我父亲经常语重心长地提醒我说："这孩子你们得好好管，不然长大了会不成器的。"但是，我母亲却说："树大自直，小时候越调皮，长大了越有出息！"

小学阶段，由于工作忙，我对孩子的学习很少管，完全靠他自己。到了四年级，语文学得不错，老师也非常喜欢，选他当了语文科代表。

儿子还有点画画的小天赋，上幼儿园时，我带他到青少年宫学过几次，后来每到元旦，他都自己设计几张卡片，画上最能表达心愿的图案，送给老师和同学们。

三年级的时候，因为学习进步，我给他买了两只小鸭子作为奖赏。小鸭子非常可爱，慢慢地长大，笼子快盛不下了，就在阳台上放养，每天拉屎拉尿，太阳一晒臭烘烘的。无奈，我把鸭子送给了邻居，让他们拿到乡下去养。儿子放学回家发现鸭子不见了，就和我大闹了一场，最后写下一张纸条离家出走了。纸条上写道："如果你们不把鸭子给我找回来，我就不回家！"后面的落款是"不孝的儿子"。看到这几个字，我真是哭笑不得，小小年纪还知道"不孝"二字。

经过了这场风波，他的学习没受影响继续进步，后来德智体全面发展，还被选送到保定市运动会开幕式表演队，表演大型体操。那段时间，他每天训练得十分刻苦，起早贪黑从来不说累。运动会开幕式那天，我与他爸到现场观看，为他加油助威。表演结束，我们一起来到摆放着鲜花盆景、装点一新的保定市体育场门前，拍下了许多照片，只可惜那个胶卷曝光了。

1993 年升初中时，儿子以优异的成绩考入了保定市重点中学——保定一中，给全家人带来喜悦。作为奖赏，我花大价钱

1998 年儿子亲手制作的明信片

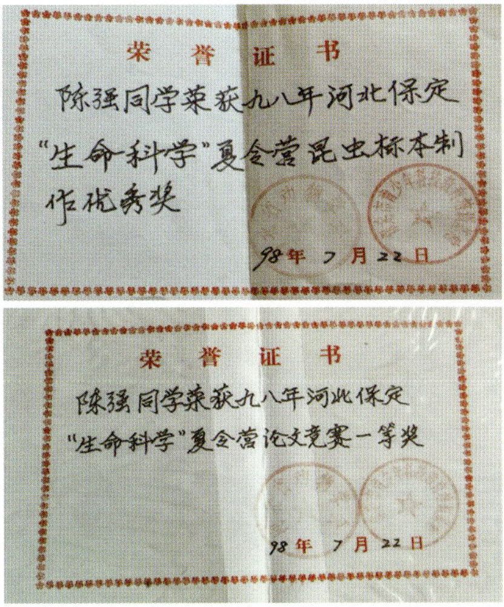

1998 年儿子的获奖证书

买了一台电脑和一部打字机，当然也为了我自己工作方便。

有了这台电脑，我开始练习五笔打字，但是，儿子主要是用来玩游戏，这在一定程度上影响了他的学习。当年，我率先把电脑引入家庭，也许是错误的决定，因为自从有了这台电脑，儿子的学习心思完全转移到了电脑上，所有的零花钱和部分吃饭钱，也都用于购买了电脑方面的杂志。儿子的身高没能长出他爸爸的个头，也可能与当时贪玩电脑没好好吃饭有关。

我儿子特别喜欢参加社会实践活动，文章写得不错。上初中时，他多次带领着同学们从事社会调查，在社会实践活动中非常细心认真。有一次，他参加了保定市生命科学夏令营，所制作的标本和撰写的论文，分别获得了河北省动物学会、保定市青少年科技教育培训基地颁发的优秀奖和一等奖。

儿子的化学也学得不错，经常得到老师的表扬。1996 年，他参加了全国中学生（初中）化学竞赛，竟取得了河北赛区前

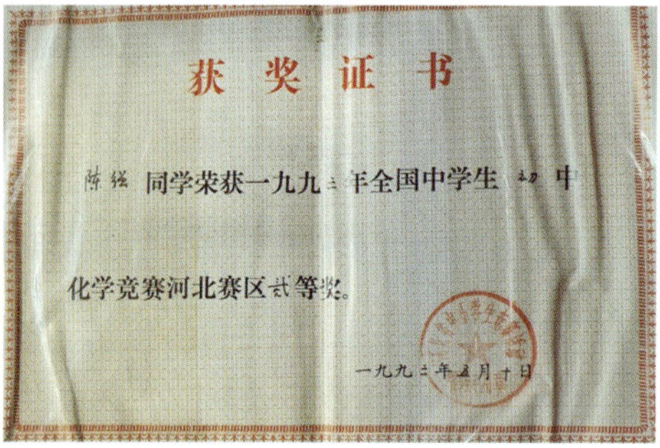

1996 年儿子参加全国中学生化学竞赛的获奖证书

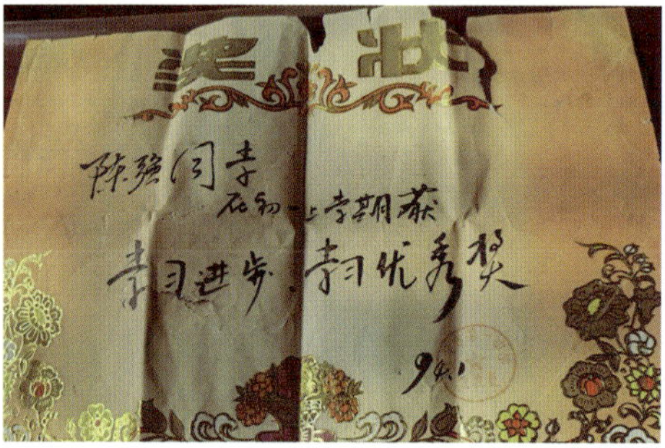

儿子初一时获得的奖状

六名的好成绩，并获得了二等奖。

儿子还热衷于参加体育锻炼活动。有一次，他参加全市中学生马拉松比赛，我骑着自行车跟在他的身旁，因为他个子不高，这种长跑运动非常吃力，跑得满头大汗。到了后来，我干脆放下自行车，参与到了他们的长跑队伍中，陪他一起跑到了终点。

这次长跑虽然没取上名次，但他坚持到了最后，经历了一次意志的磨练，坚持就是胜利，我相信他会铭记。

然而，当家长比当学生更难的日子，终于轮到我头上。到了初二，由于玩电脑的缘故，儿子学习成绩直线下滑，偏科严重，初三几乎落到了最后。四月份的一次家长会，最令我失望。

当时，班主任老师首先宣布了能够正常升入保定一中的学生名单，这里面自然没有我儿子。接下来老师又说：“下面宣布能自费上一中学生的名单，听到自己孩子名字的家长请留下。”我认认真真地从头听到尾，没有听见自己儿子的名字，垂头丧气地离开了会场。

走在回家的路上，心里有说不出的滋味儿，这真是有钱都找不到上重点高中的门路，不知道该如何办是好。

回到家，我耐心地等待着儿子放学回来，当他到家后，我关上门，认认真真地和他长谈了一次。最后告诉他，想学就好好复习，力争在最后两个月考出好成绩，如果不想学，初中毕业你就去找一份工作，自谋生路。不知是这一激将法起了作用，还是儿子的骨子里就是一个好学生，他开始努力了，天天把自己关在房间里，学到深夜才睡觉。

1996 年儿子和同学们骑自行车郊游

中考结束，他考出了非常好的成绩，被保定一中计划内录取。

这回我可以放心了，入了重点高中，不愁考不上好大学。

但是，升入高中以后，他仍旧迷恋电脑和游戏，到了高二学习成绩又开始下滑。老师对他失去了信心，经常请家长，说他考不上大学。可我始终不这样认为，总觉得凭他的天赋，怎么也能跨入大学的校门。

高考一模成绩接近 400 分，我盘算着，在这个分数的基础上，再努把力，怎么也能考上我工作的学校。可是我儿子却说："不上你们那个破学校！"全国不知道有多少好学生，向往着到我们学校读书，可在他眼里却是一个"破学校"，这让我很生气。

高考时间快到了，有一天我问他，准备得怎么样了？有信心吗？可他却回答了我两个字："拒考"。"什么叫拒考？"我不知道他说的是哪两个字，也根本不会想到他说的那层意思，就追问了一句。他回答道："拒考不明白吗，就是拒绝高考！"

听到这最后四个字，我如五雷轰顶。从小学一年级到高三，12 年寒窗苦读就是为了最后这一搏，他却要放弃，让我无法理解更不能接受。

我自己没办法说服他，就请来了所有能说上话的亲朋好友做他的思想工作，其中有一位善于观察分析解决问题的同学（后来的某大学校长），都没有能够说服他。无奈只能由他去，我再无丝毫办法。可是，同事们见了面总会关心地问："你儿子考得怎么样？"这让我无颜以对，不知做何解释。

三个月过去了，我没理他，听说他在一家电脑城里打工，每月能挣 600 元。

有一天，他主动找我了，对我说想复习，但除了石家庄二中、唐山一中和衡水中学，其他学校都不去。好大的口气！我对他说："别说你没有高考分，即便是有，我一个当老师的，也没有门路让你进河北省的这三所最有名的重点高中。"

然而，儿子有想复习的想法毕竟是好事，我开始动脑筋、想办法、托我的学生们帮忙，把他送进了衡水中学。

1999 年 10 月 16 日，我送儿子来到了衡水中学，用儿子的话说，从此过上了"监狱生活"。早上五点钟起床、上操、吃饭、上课，课间休息连上厕所的时间都不够，晚自习后按时熄灯睡觉。

儿子没有辜负我们的期望，学习非常刻苦，考试成绩一次又一次攀升。我没见过他是怎么学习的，但是知道他在衡中九个月穿破了七条牛仔裤，可见裤子被凳子磨的时间之久。

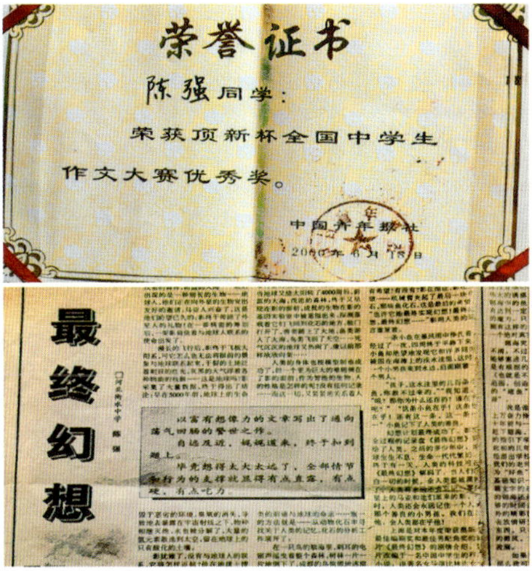
荣誉证书

陈强同学：

荣获顶新杯全国中学生作文大赛优秀奖。

中国青年报社

最终幻想

以富有想像力的文章写出了通向荡气回肠的警世之作。

自远及近，娓娓道来，终于扣到题上。

毕竟想得太大太远了，全部情节和行为的支撑就显得有点直露，有点硬，有点吃力。

儿子的获奖证书及2000年6月5日发表在《中国青年报》上的参赛作文

高考成绩公布，570分进入一本线，填报了西北大学志愿。

我儿子在衡水中学复读期间，语文老师组织他们班同学，参加了一次共青团中央举办的“金鼎杯”全国中学生作文大赛。我儿子自己跑到邮局，独自用挂号信将自己作品寄了出去。谁知，他的参赛作文竟然获得了优秀奖，得了个国家级的大奖，衡水中学的领导和老师都非常高兴。

他的参赛作文《最终幻想》刊登在了2000年6月5日的《中国青年报》上，同时还登了著名作家王蒙先生为他写的评语。王蒙先生在评语中写道：

以富有想象力的文章写出了通向荡气回肠的警世之作。

自远及近，娓娓道来，终于扣到题上。

毕竟想的太大太远了，全部情节和行为的支撑就显得有点直露，有点硬，有点吃力。

这张报纸，被放在了衡中校园内的玻璃橱窗宣传栏里。在我接他回家时，衡水中学的校长对我们说："不成想这小子为学校拿了这么大个荣誉，为学校争光，值得庆贺！"

看着儿子写的文章，不由想起了他小时候偷着看小说的事情。25 年前，正是儿子由小学升初中的阶段。当时，保定金专图书馆搬迁，向老师们出售了一些破烂不堪的图书，其中有许多小说，我看了很喜欢，就把这些书装进一个大纸箱子里，付了两元钱搬回了家。

本来这些书是准备送给父亲的，却被儿子发现了，他背着我天天阅读，将其中感兴趣的书读了一遍又一遍。后来儿子多次对我说，他的写作水平提高，完全得益于我花两块钱买的那些书。

2001 年春节全家福

2001 年的春节，为了庆祝儿子上大学，我们全家人来到了保定市人民照相馆，照了这张一直挂在儿子房间里的全家福。

2004 年，儿子在北京工作，有一天我来看他，半夜醒来发现满地都是蟑螂，黑压压一大片。望着这些快速爬行的蟑螂，我吓得直打寒战——要是爬到床上怎么办？越想越害怕，无法入睡。

第二天一大早，我对儿

子说：“今天不要去上班了，你陪我去看房子。”九点多，我们来到一家房产中介，在工作人员的带领下，看了附近 70 平方米左右的三四套二手房，价格都在 40 万元左右。看好了一套，交定金、签合同，一个月以后就把它买了下来。谁知，这套房子后来成了我儿子创业的资本。

买这套房子时，我替儿子出了首付，其余的他自己用公积金贷款支付。房子买了之后，我每月都能够从儿子的公积金存款账户上支取 1200 元，这在当时来说是一笔不小的收入。听儿子讲，他在外企工作的 6 年里，曾经多次刷新公司全国销售第一的纪录，因为业绩突出，工资待遇也非常丰厚，自然公积金也发得比较多。

儿子在外企工作时获得的奖杯

从儿子获得的奖杯中，足以看到他的敬业精神和营销才能。

2011 年，我儿子辞去外企的工作，将房子卖掉，开始在北京创业。小夫妻俩用自己的英文名字，注册了“米兰克拉克自动化设备（北京）有限公司”，儿子为公司确立了 “服务创造价值，互助成就伙伴” 的经营理念。

儿子的公司 MLC

北京的企业或公司多如牛毛，要想在强大的竞争对手面前立稳脚，谈何容易，小夫

2019 年儿子和他的兄弟们

2022 年与孩子们一起聚餐

妻俩同心协力地支撑着，当然也少不了我们的支持。度过了三年危险期，又熬过了五年，公司终于走上了良性循环发展的轨道。

现如今，公司的销售额一路攀升，已经走出了小微企业群体，向着中型企业迈进，并树立起了良好的企业形象，有着长足美好的发展前景。

公司正常运行，儿子和儿媳也特别孝顺，我很欣慰。每逢母亲节，他们都会送我份厚重的礼物。

这里，还想提起儿子的三个哥们儿——葛政、耿枫和李伟。他们也都算得上是我的孩子。儿子工作忙，没时间常回家，家里的大事小事，只要我一个电话，这几个孩子都立即赶来。逢过年过节或者是放长假，他们几个小家庭都会聚在一起，而且经常强迫我与他们一起吃大餐、去旅游。

有这么多儿女陪伴，我也感到十分幸福和快乐！

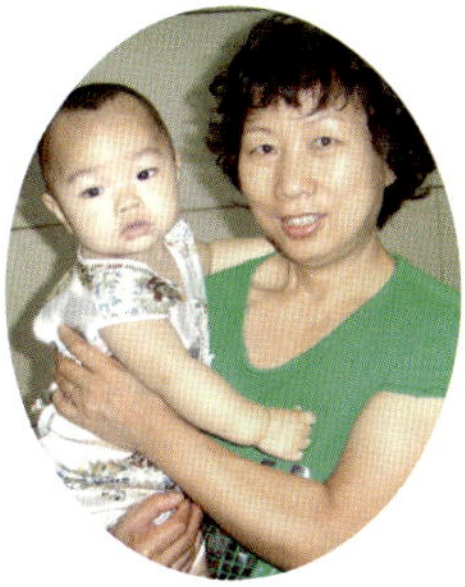

2012 年 · 北京

陪你长大

诚诚——我孙子的乳名。2011 年 7 月 18 日上午，太阳冉冉升起，一个男孩呱呱坠地，全家人高兴之余，思考着给他起个什么寓意的名字。我儿子略加思索以后说，希望他成长为诚实守信的人，小名就叫诚诚吧！诚诚的名字就这样诞生了。

长到 10 岁，诚诚最喜欢家里人叫他这个乳名，而不喜欢叫他学名。当我问他为什么时，孩子说："叫诚诚不谈学习，叫学名时，我妈妈必然谈学习，我不喜欢你们天天管着我学习。"也许天下的孩子都不喜欢被人管着学习。

2014 年 10 月，我开始办理退休手续，正好诚诚到了入托的年龄，就把他从北京接回保定，送进了保定市青年路幼儿园。

选择青年路幼儿园入托，一是考虑这家幼儿园是保定市最好的公立幼儿园之一；二是因为家与幼儿园距离公交车站都比较近，接送方便。

入托当天，儿子儿媳亲自把孩子送进园内，首先认识了一位韩叔叔。到了下午我来接他的时候，韩叔叔正在院子里转悠，孩子看到悬挂在半空中的月亮，对着韩叔叔大声喊："叔叔、叔叔，月亮快要掉下来了！"韩叔叔瞧着天真可爱的孩子，望望空中的一轮明月，哈哈大笑了起来。

从那天开始，我们奶孙俩就成了37路公交车上的常客，时间久了，认识了好几位司机师傅。起初，诚诚的发音还不准确，每天上车之后，总是对着司机师傅说一声："你搞！"司机师傅也回一声："你搞！"并逗他几句。

2012年在北京家中

在幼儿园里，老师细心地呵护，孩子们快乐健康地成长。

保定市青年路幼儿园有着悠久的历史，各种设施都比较完备，管理也非常到位。院子里的大型玩具对孩子们有很大的吸引力，放了学都不想回家，总是玩到保安往外赶，才肯离开。

诚诚3岁时的全家福

幼儿园的伙食不错，肉丸子、炸带鱼都是诚诚爱吃的，但也有些不爱吃，不敢和老师说，就装在兜里捎回家。有一次，我在诚诚的衣服口袋里发现了一些软绵绵、黑乎乎的东西，掏出来一看是木耳，就问他这是怎么回事，诚诚说："我不爱吃就装在兜里了。"我说："你不会留在碗里吗？"他回答："老师不让呀。"

由此看来，幼儿园的老师对

孩子的教育是非常严格的，不允许挑食，以免造成浪费和营养不良。

上幼儿园期间，每年都要体检，孩子身高一年都长六七厘米，身心也在健康地成长着。

诚诚丰富多彩的幼儿园生活

快乐的幼儿园生活结束，诚诚该上小学了，我陪他从保定回到了北京。

北京的学校离家较远，我们每天早上六点半就出发，乘坐地铁去上学，后来搬到了学校附近居住，才免去了往返路途的奔波。

幼升小的转型对孩子们来说是非常困难的，因为在幼儿园玩习惯了，刚开始上学一般都不适应，我这个孙子也不例外。放学回家作业一直拖着不写，反复督促多少次才勉强应付，为此，我着急上火，没少跟他生气。

2015 年与诚诚在幼儿园过生日

回想自己孩子小的时候，也没这样上心管过。现在时代不同了，我一个大学二级教授，说服不了刚上小学的孩子。无奈，只好顺其自然，由他爸妈自己管教。

孩子的天性就是喜欢玩儿，我也时常陪着他玩儿，并且随时拍

诚诚 2 岁

2015 年南京蔡爷爷来保定

照，记录下孩子的成长过程。然而，生活习惯和学习问题仍是最头疼的。不管吧，看在眼里过不去；管吧，十有八九不听话，有时候还会引发一场“战争”，最后，仍旧整不明白究竟是谁错了。三年级上学期，我就曾经以此为题目写过一段话，发到了家人群里，让大家共同重视孩子的教育问题。

现将这段题为“究竟谁错了”的短文复制粘贴在此处，到底是谁错了？读者也可以给出答案。

究竟谁错了

今天孩子醒得早，心情也很好，我说：“你先躺会儿，我去做饭。”边说边给他拿好衣服，就忙别的去了。

十分钟过后，回来催他穿衣服，还好，他自己穿了上衣，一边穿一边问：“做的什么饭？是蛋炒饭吗？”我说：“不是，是西红柿鸡蛋面。”“那不行，我要吃蛋炒饭！”我说：“昨天没煮米饭，做不了蛋炒饭。”听罢，他放下衣服说：“那我就不吃了，也不上学了。”之后就开始耍脾气，大声地嚷着：“你必须给我做炒米饭，还得帮我穿衣服，不然我不上学！”

无奈之下，我帮他穿好了衣服，拿好了鞋。他自己把鞋穿上，坐到了饭桌前，边瞅边说：“看着就没味儿，给我拿酱来。”于是，我把豆瓣酱送到他眼前。“你喂我，不是我爱吃的你就得喂我！你快来喂我！”“你爱吃不吃，我不会喂你！”我没好气儿地回答着。“我妈妈就喂我，你也必须喂我！”他反复重复着“你喂我”三个字，气得我肚子鼓鼓的，几次警告他：“你别气我！”

这个时候，上学的时间到了。我说：“不吃就算了，该上学了。”“要上学，你就得喂我，不喂我就不上学！”听了他这句话，我忍无可忍，再次警告他：“你别挑战我的极限，我这就要揍你！”可他还是不停地折腾。眼看着上学就晚了，我抄起家伙，着实地打了他两下，然后，背起书包就往门外走。

“你得给我系上红领巾！”听到这话，我感觉他是在给自己找台阶下，于是回过头来帮他系上了红领巾。两人一起出门，一路无话。

送完孩子走在回家的路上，我反复在想这件事的经过，得出结论：孩子该打时就得打，不然他不会知道是自己的错。

也不知道我当时的这个想法和事先的做法是否正确，留给我俩日后自做解析。

2019 年 4 月

诚诚经常说我不是管他的人，我也不知道这个想法在他的心里是怎么形成的，当我问他为什么时，诚诚说他只要爸爸妈

我的孙子诚诚

妈管。听了这话我真想一走了之，让他父母自己管。然而，大人不能和小孩子赌气，如果和孩子赌气，说明你真的成为老小孩儿了。

诚诚已经升入五年级，按照过去的说法，到了五年级就属于高小。过去常听老人言“树大自直”，的确，随着年龄的增长，孩子越来越懂事了，不再无缘无故地发脾气，也很少没有礼貌地与我说话，学习的自觉性也长进了不少。

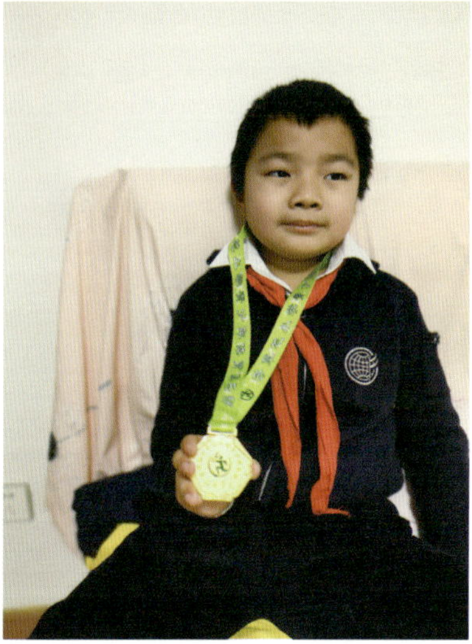

2020 年诚诚获芳草地国际学校象棋比赛第二名

看着孩子一天比一天懂事，我很欣慰。但是，仍旧期盼着他快点长大，我也好去享受属于自己的时光，自然，这一日迟早是会到来的。

最近几年，每到寒暑假，诚诚他妈都会给孩子报名，让他参加社会教育团体组织的夏令营或冬令营。由老师带队，小朋友们聚在一起生活，很有意义。

借此机会，我也得以放飞自己

的梦想，寻找出行方式和地点去旅游。

2019 年，诚诚去了井冈山，我也紧随其后，登上了开往江西的列车。身在一处虽说不能与孩子见面，但总觉得距离近了，心灵也会相通。

2020 年，寒假刚刚开始，诚诚和我各自踏上了旅行的征途。游玩得正尽兴，武汉新冠肺炎疫情暴发，家里人焦急地等待着我们回来，并一再嘱咐戴好口罩，做好个人防护。

1 月 20 日，我们先后安全地回到了家中。没过两天，有些城市就开始封城了，并规定 1 月 21 号后回小区的人都必须隔离，幸亏我们出行得早，按计划走完了全部行程，而且不用被隔离。

春节过后，学校开学无期，我与诚诚宅在家中，开始了一对一的辅导学习。

按照学校要求和我们自己订的学习计划，每天都要读书、练字、画画、背课文、上网课等。诚诚在背课文方面做得非常好，把三年级下册的全部课文基本都读熟了，而且进行了全程录像。为了录好每一篇课文，有时候要反复几十遍，我要求严格，孩子配合得也不错。

在习作方面，我要求他写“最可爱的人”和“钟南山爷爷”，为了写好这两篇短文，我给他讲了奋战在抗击疫情前线的环卫工人和医生护士的事迹，并让他上网查找钟南山爷爷的照片。诚诚把英雄人物的形象和故事都描写得很好，那些抗击疫情的先行者，成了孩子心目中的偶像和学习的榜样。

2020 年的 “六一” 儿童节到了，我带他来到了儿童乐园——保定市绿溪谷。这里孩子玩的项目应有尽有，我们从上

与孩子们一起旅游

午 9 点一直玩到了下午 5 点多，诚诚玩了一处又一处，对那些喜欢的项目更是全身心投入，玩了一遍又一遍，累得满头大汗。回到家让他泡了个澡，不成想到了深夜孩子就开始发高烧，40 多度的体温计红到头，一直持续了两天两夜。第三天的深夜还在发高烧，我开始担心，如果明天还这样烧下去，必须去医院看医生，我边想边给孩子搓着手脚。说也奇怪，黎明时分，孩子的喘气声平缓，摸摸头，已经不烫了，慢慢地体温降至36度。此时，压在我心上的石头总算落了地。

2021年与诚诚在厦门东海岸

这次教训让我自责不已，两点感悟铭刻在心：一是不能放任孩子无限制地玩耍，过度地透支体力；二是体能过度支出后，不应再去泡澡，因为泡澡会消耗更多的能量，失去机理平衡会导致生病。

随着年龄的增长，诚诚的身体免疫力也在不断增强，现在基本不得病，吃的也很多，真中了那句老话："半大小子，吃死老子。"随着饭量的增加，10岁不到体重已超出80斤，我又在为他的体重超标而担心，所以放学后能到外面跑一会儿，就不会强迫他回家。

我经常这样想，对于孙子的付出也算是对儿子亏欠的弥补。儿子小的时候，由于我工作忙或者外出学习，不是把他放到农村老家，就是交给他父亲一个人，直到上中学了，我仍然常常出差或因工作繁忙，没有更多的精力管孩子。

现在替我儿子照看一下他的儿子，没有任何怨言，这也是我一直陪在诚诚身边的原因之一。

绣　花

1998 年 · 天津

绣花的方式和品种有许多种，而我这里所说的是最简单的十字绣。

十字绣不仅是一些女生喜欢干的活儿，有些男生也喜欢。在绣工的手里，一条条丝线变成美丽动人的花朵、山水或者是动植物图案，给观赏者带来无限的遐想和美的享受。

2009 年春季的一天，我走在石家庄市火车站附近小商品批发市场的大街上，看到卖十字绣的店铺，不由自主地走了进去。起初是想找点事干，以打发退居二线后的时间，正巧碰上卖十字绣的，就挑了一幅 3.6 m × 1.2 m 的国色天香牡丹图案，花了 260 元钱买了回来。

过去我也曾做过刺绣，用自己攒的钱买来绣花线，给小我 13 岁的老妹绣的老虎头、小猪鞋，栩栩如生。同时，也绣过十字绣，那是在上大学之前，给自己绣了一个单一色梅花图案的枕套。

用一种颜色绣花，避免了经常按图纸标记换线带来的麻烦，现在想绣一幅大点的画挂在客厅里，自然是五颜六色的好，而且要有足够的长度和宽度，才能与我那新房的大客厅相匹配。于是，就选择了这幅接近 4 米长的牡丹图。

绣这样一幅牡丹图，需要很大的耐心和足够的时间，即便是快手，也得两三年时间才能完工，对此我充满信心。然而真的开了工，敲惯了键盘的十指却不听使唤，拿绣花针的手感到笨拙不说，10分钟不到，中指和食指就开始麻木了，只好停下来甩甩手，等不麻了再接着绣。就这样，一边绣一边甩手，忙了五六天，连一片叶子都没绣出来，没办法，只好叫停打包搁置了起来。

老妹听说此事，就主动提出帮忙，她把原料带回了沧州。

有一天，我在朋友圈里发现了老妹发布的一条出售信息，她称：本人预以100元的价格，出售一幅特大“国色牡丹”十字绣半成品，有要者电话联系。我立马拨通了电话，询问是怎么回事，她说因为绣花把颈椎累坏了，送人没人要，干脆卖掉算了。

这套东西可是我十年前花大价钱买的呀，她100元把它卖掉，这种亏本买卖我没干过。于是，让她删除信息，给我捎回北京。

就在我决定要回之时，老妹的大姑姐对她说，自己的儿子

外甥女左文革绣的《马到成功》

在船上工作，长年出海很无聊就学会了十字绣，不妨让他给绣完。之后，这包东西便被那位大侄子带上了船，漂洋过海，周游了许多国家。

半年过后，大侄子谈了女朋友准备结婚，老妹听到这一好消息，当机立断召回十字绣，拿回家自己又接着绣了起来，绣了没多久颈椎病又犯了，只好给我送回北京。

有一天我无意中发现，孙子的大姨在非常熟练地绣一幅十字绣图案。我惊喜地走上前去观看，只见她手中的针线上下翻飞，绣出的马儿活灵活现，我一边看一边对她的绣工赞不绝口。接着说："我有一幅绣了不到十分之一的十字绣原材料，你既然绣这么快，就送给你好了。"她大姨听了说："我不要，拿过来我帮您绣完。"

绣出来不管谁要，先拿来看看再说，于是我取来交给了孙子的大姨。过了几日，他大姨对我说，现在什么产品都在更新换代，我的这套东西和她现在绣的工艺不一样，她绣不了。"绣不了就算了。"我客气地说，并接过所有的原材料，但是心里却在想，等我没事干了，一定绣给你们这些年轻人看看。

去年冬天，我因患腰椎间盘突出仰卧在床，望着房顶环视四周，发现了橱顶上存放十字绣图纸、针线和布料的盒子。心想，天天这样躺着太无聊了，何不绣绣花呢？

想到这，强忍着腰疼支撑起身体，站到椅子上把盒子取了下来，打开取出针线，开始尝试着绣这幅画卷。绣了不足半小时，手指又开始麻木了，甩甩拿针的右手，等麻劲过去接着再绣。就这样坚持绣了一段时间，手指终于不麻了，这让我看到了希望，决定接着绣下去，哪怕是三年五年也要把这幅画绣出来。

然而，腰椎间盘突出最忌讳的是久坐，而且绣花一般都得坐着。为了养病我开始尝试躺着绣，首先用枕垫把床垫成30度斜坡，半仰卧在上面，然后分别用小矮凳子和小学习桌，托起双臂和布料，最后把线、布和图纸摆满了床，就这样开始了艰辛的绣花工程。亲戚朋友得知此事，都怕我累坏身体并且劝我扔掉算了。

我自己也清楚，十字绣现在不时兴了，况且工程巨大，累坏了身体得不偿失。可是，我认准的事谁说也没用，连自己都说服不了自己，还是一直坚持着绣。

说来也奇怪，绣了一个多月之后，我的腰椎不但没有累坏，反而不痛了，拿针的食指和中指也不麻了。

2020年的春节疫情来临，我和所有的人们一样宅在家中，这让我有充足的时间和精力用来绣花，并计划用三年的时间把它绣完。有了目标，接下来就是一个个不分昼夜的奋战。

其实在绣的过程中，穿针引线并不难，难的是把图纸上的线号搬到布上，要一个个数格子，一针针做标记。我没有那么大耐性，干脆看图纸直接绣，谁知这一试，却正符合了我的特长，只要瞄一眼图纸，我就能确定是几毫米、绣几针。这样一来速度大大地加快了，

我绣的《国色牡丹图》的一角

原计划绣三年绣完，结果不到一年就收针竣工，可谓神速。

花绣好了，清洗时又遇到了难题。由于在绣的过程中，不小心撒上了两滴果汁，黄黄的怎么也洗不掉，洗衣粉、洗涤液、牙膏、碱面、洗涤灵等全用遍了，都不起作用。后来，从一位朋友那里得知，84消毒液能去除颜色，试了试果真有效，黄点不见了。

洗好晾干后，欣赏着自己的作品，随手拍了张照片发至朋友圈，而后感悟油然而生："世上无难事，只怕有心人！"紧接着又脱口而出了一条毛主席语录："世界上怕就怕'认真'二字，共产党人最讲认真！"这些话，都是我自己说给自己听的。

我的十字绣牡丹图收针竣工的信息在朋友圈发出去以后，立刻收到了老家一位妹妹刘秀玲发来的图片，她说："咱俩真是姐妹，选的图都一样，你看看我绣的！"可真是，两幅图一模一样，看上去秀玲妹妹的绣工比我强多了，也可能是因为我绣出来的图还没有裱的缘故。另外，在中国农业大学工作的外甥女左文革，也给我发来了她家里的十字绣，他们的作品看上去都特别的精致和迷人。

不管自己绣的好坏，能绣出这么大一幅图案的确不容易。首先，要有充足的时间和认真的态度；其次，要有极大的耐心和高超的悟性；再次，要有手疾眼快和飞针走线的速度；同时，还要有应对突发事件的毅力和决心。

在绣这幅图的过程中，遇到一件说是偶然其实也是必然的事情。那是在春节过后，我的绣工技术不断提升，天天埋头苦干，进度大大加快，可是，不知不觉中皮肤过敏的老毛病犯了。起初是小面积起疙瘩刺痒，后来浑身都痒，挠一下皮肤立马红

老妹刘秀玲绣的《国色牡丹》

肿一片，心情烦躁不安，只好换着样地吃抗过敏药。

社区医生建议我，去大医院做过敏源检查，但当时我一是忙着绣花没时间去，二是疫情期间不到万不得已不能去。然而，病情却越发严重，白天还好，一到夜晚躺在床上浑身痒得难受，双手忍不住到处抓，实在躺不住了，只好起身拿起针线，占上双手，用绣花来平静烦躁的心情。就这样，不知在灯下度过了多少个不眠之夜。

“五一”节之前，我似乎找到了病情的根源，那就是绣花久卧或久坐不起，全神贯注地重复一个动作，导致身体免疫力下降。

四月春暖花开，我看着接近尾声的十字绣图，心情十分高兴，决定放下手中的针线，带宅在家里数月的孙子去儿童乐园玩一趟。

九点前我们出了家门，室外风和日丽，暖洋洋的太阳照在身上格外舒服。来到儿童乐园，孩子进了游戏场，我在场外晒太阳并来回走动舒展着筋骨，一直玩到下午才回家。这一天，身上竟然没有感觉到痒和起疙瘩。随后的日子，我便天天到室外活动和晒太阳，渐渐地皮肤过敏的症状彻底消失了。

绣花导致的疾病给我敲了警钟，人不服老不行，老了就是老了，不能太逞强；干事也不能急于求成，要劳逸结合；同时，还要注重户外活动和锻炼身体。

当然，十字绣也给我带来了快乐，有时候还把这种快乐分享给朋友，在绣得起劲或是欣赏自己的劳动成果时，常常拍一张照片发到朋友圈，很有成就感。

“五一”节过后，我的作品即将完成，准备陪同孙子进京。那天，站在小区门口等车时，身后传来了我老公的声音：“你绣花绣得都往横处长了，回去好好锻炼身体，减减肥吧！”这让我大吃一惊，有那么严重吗？我怎么不觉得。

回到北京，我第一时间站到了电子秤上，屏幕显示“69.8”。看到这个接近70公斤的数字，我真是吓了一跳。但又一想，这有什么难的呢，不就是减肥嘛，只要像对待十字绣一样持之以恒，减肥一定能成功。

2003年·保定

沙发换装

这个周末和往常一样，从北京回到了保定。周六从早忙到晚，也不知道都干了些啥，周日早起，刚刚炝好锅，烧开水准备下面，突然楼下传来了叫喊声："修沙发了，旧沙发翻新，好看又省钱！"

听到这声音，我心中一悦，因为家里的欧式大沙发的皮油面老化了，扔了太可惜，若能换成布面再好不过。为了拯救这套沙发，近期我一直在关注着修沙发的，今天听到叫喊声，喜出望外，关上火，披上大衣，穿着拖鞋就往楼下跑。

顺着越来越远去的叫喊声，追到小区深处，叫住了修沙发的师傅。"带木线的皮沙发能修吗？"我问。"能修，什么样的都能修。"修沙发的师傅回答。"皮革面儿坏了，只想换掉它，其他地方不动。"我嘴上这么说，心里却在想：要想给沙发换装，整个沙发必须全动。"看看去！"师傅回答。于是，我们约好，一个半小时后，在放沙发的地方见面。

10点半我们来到了维多利亚夏郡小区，打开门，师傅查看旧沙发后说："修好了连工带料1500元。" 修沙发的师傅这样直爽，我也是一个办事痛快利落的人，没还价，但要求附带把四把椅子的靠背也换了，对方点头同意。我问："用什么布料？"

师傅说："在车上，自己选。"

说着来到楼下，一看布料，我心里凉了半截。质地太差了，不是我心目中的材料，摸上去软软的，抻一下弹性很大。"我不喜欢这种布料，有厚的吗？"对方说没有，因为厚布料拉不平，包出来不好看。我说："光好看不行，我得要质地好的棉麻类厚布料，要不我自己买布，你来帮忙给它换装行不行？"师傅说："你买的布料我们做不了，因为这种沙发只能用这种弹性大的软布料，否则做出来不舒展，很难看。"

2020 年修沙发前在公园留念

想想也是这个理儿，用没有弹性的棉麻布料包这种镶嵌木线的沙发，是很难做的。反正也舍不得扔，修好后如果不想用了还能送人，再说四把椅子也必须修理。

想到这，我决定就换这种装束，便开始挑选沙发布。一种是黄的，一种是浅紫色的，还有一种我根本不考虑的颜色。紫色的大气，也正好改换一下家居风格，我提议用浅紫色。可是，修沙发的师傅却提出了不同意见，他说沙发的两侧下半截和整个背面儿换不了，整体颜色要保持一致，应该用黄的。的确，旧包皮如果不能全部换掉，只能用黄的，别无选择。

当下师傅叫来另一个同伴，俩人开始忙碌起来。

他们用电钻把螺丝一个个松开，整个沙发解体，我数了数，一件沙发分成十六块，比“大卸八块”还多了一倍。全部卸完了，我帮着把多年陈积在夹缝里的杂物用湿布擦干净，他们二人剪裁布料，一块儿一块儿地包裹起来。

在裁布的时候，我提醒师傅说：“要看好布料的上下纹路和横竖方向，放反了视觉上会出现异样。”师傅说：“放心吧，我们懂，天天琢磨这活儿不会出错。”

现在已是冬天，屋里没暖气，两个师傅干得大汗淋漓。组装前的一道工序，是用钢钉注射器把布边固定在框架上，组合时，就像小孩子搭积木一样，往一块拼。有时候插不进槽内，需要两个人一起用力，一个压、一个推，好不费劲。各部分装好归位，一件新沙发呈现在我面前。

这套沙发组是1+2+4，看上去非常的气派，当年买它的时候，着实让我高兴了一阵子。

其实，开始预订的沙发并不是这套，那天我在前卫路家具城看好了一套真皮沙发，交了订金，第二天又来到鑫丰家具城，走在摆放沙发的通道旁，发现了一套色泽亮丽、款式大气，非常引人注目的沙发。

我不由自主地走上前去观看，只见中间的顶部高高耸起一束欧式风格雕刻花朵，花瓣向两侧伸展的木线，犹如丝绸一般，两边的扶手是橡木雕刻的双排心状图案，以它那弧形的身姿镶嵌在沙发两端。无论是手感、质感或是美感，都赏心悦目。底部的木线图案则是一条呈现波浪形的条纹，笔直地镶嵌在两个底座的中间。皮面是黄色的，带有浅色的图案，摸上去光滑而细腻，看上去美观而大气。我心中暗暗惊喜，这才是我要的沙发。

售货员好像看出了我是买主，上前搭话："这是一套真皮沙发，我们处理库存，只卖一万三千元。"我说："我订了一套和你这套差不多，人家要一万元。"售货员又说："我也一万元卖给你。"我摸着沙发问："的确是皮的吗？""头层牛皮，错了管换。"对方答道。"那好吧，等我把预订的退了就来买你这套。"我边说边走，就要离开。

"库里还有套新的，我带你去看看。"听到售货员这样说，我停住了脚步，跟着她来到了仓库。果不其然，这套看上去更好，尤其是那个大茶几，浅黄色天然大理石，透着白色礼花图案，格外漂亮。

然而，回到前卫路家具城退沙发时，却费了好大的周折。对方说已经预订了，如果反悔，200元订金不退。当时交涉了几句不了了之，反正我的工作单位就在家具城对面，多来几次无妨。

第二天上午10点，约上同事李老师，又来到了家具城。我俩围着这套沙发转了几圈，李老师悄悄地对我说："刘老师你来看，这个字母写错了。"可不是吗，本该大写的英文字母，却用小写印在了沙发上。

这下有了退货的理由，找到售货员理论，几句话就把对方说服了，乖乖地把200元订金退给了我。

一个月后，就把那套有缘的沙发搬回了家。两年过去，维多利亚夏郡的新房钥匙拿到手，我开始按照这套沙发的款式设计客厅。

为了最大限度地提升房子的高度视觉，决定不吊顶，房顶四周钉一条较宽的石膏线，石膏线下面加一条8厘米竖纹凸面的黄色木线，与黄色的欧式沙发相呼应。

沙发对面的影视墙，用墨绿色带有英文字母的瓷砖粘贴，两侧各竖立一大块雕刻着祥云图案的镂空白色木

板，底面衬一块茶色玻璃，中间用20厘米宽的花纹红色木线隔开。整个墙体上下左右一通到头，就连电灯开关也移到了背面，其中镶嵌在白色祥云镂空木板中间的那条红色花木线，正好与沙发的红色橡木木线相呼应。

房子装修好了，花了500块钱的拆装搬运费，把沙发及其他两套欧式家具移到了新家。

摆好了沙发，越看越觉得茶几的面积太大，占了客厅的好大一块空间。仔细端详发现，茶几的底座并不大，于是跑到市场上另买了一块小的台面，将我最喜欢的那块天然大理石茶几台面替换了下来。然后，按照它的尺寸，定制了一个餐桌的架子，二者合一，恰到好处。我自己配置的这个大餐桌，正适合新房的大餐厅。

这一天，迎来了第一波客人——河北省社科规划办的王主任和尚老师，他们对房子的装修风格和沙发大加赞赏。后来，尚老师还多次打来电话，向我要房子装修的设计图纸和照片。其实，房子的装修设计完全是按照原有的旧沙发和其他家具款式进行的，没有什么独特之处。

十年过去了，这套房子并没怎么居住，但沙发却出了问题。沙发包皮的表面开始破裂，一块块薄膜脱落——哪里是真皮，这分明是PU皮。

上当受骗的心情促使我翻箱倒柜，找出了当年的购买发票，拿起手机拨打了12315。别说，这个电话还真好使，第一次拨打就接通了，当我把情况简要说明后，对方说："我们只负责两年之内的，你的沙发都买了十年了，这么长时间估计厂家都不在了。"其实我也不是非要投诉，只是想出出气而已。

沙发改造前后对比图

从那以后，每逢看到这套沙发我就感到不爽，又一想，反正不在这里常住，等以后常住了再换新的。今天，突然听到修沙发的工匠上门服务，于是，我决定给沙发换上新装。

下午六点半，旧沙发换上了新装，师傅又将四把椅子的靠背修好。椅子用的是浅紫色布料，看上去美观又大方。双方满意，打开手机扫码付款。送走了师傅，收拾好房间，我静下心来，看着二位师傅帮我家沙发旧貌换新颜，继续发挥其应有的使用价值，感到很欣慰，真诚地感激他们。

赶　集

2021年·黄骅

今天是农历七月十四，早上七点，我来到后店子赶集，准备购买些物品。

顺着集市的马路往北走，两边的地摊上摆满了各种各样的小商品，摊主的叫喊声连成一片。“大西瓜，五毛钱一斤，又脆又甜！”“韭菜、茴香，自家地里种的无公害蔬菜，嫩绿喷香！”“镰刀锄把，谁用谁拿，便宜又耐用，随便挑随便拣啦”……

瞧着这些摊主，听着他们的叫卖声，我不由得想起了上个世纪70年代这里的情景。

暂且不去叙述当年的情景，先说说我来这里的路上脑子里冒出的问号：为什么这个集市不设在我们大仁村而设在后店子呢？我们大仁村比后店子大出四五倍，而且也曾经是公社的所在地，现在依然是人财两旺，也应该有个集市，为什么没有呢？一边想，一边寻找着熟人，想找个当地人问个明白。

人还没有找到，我来到了一个从心灵深处就感觉熟悉的地方，不由得扭头向西张望，似乎还是当年的那排坐西朝东的临街平房。这里曾经是当年的供销合作社，人们习惯叫它合作社，它是全公社唯一销售各种生活用品和农业生产资料的地方，全公社十几个村庄的人，都来这里购买各种商品。

此时，我脑子里之前出现的问号，不需要再去问别人，自己给出了答案——是当年的气息还在延续。

这里曾经是商品贸易的集散地，人们聚集的中心。一块财源滚滚的黄土地，一直散发着聚财、生财的灵气，吸引着八方来客，满足着供求关系。日复一日，来供销社买东西的人络绎不绝，通常是高兴而来，满意而归。

穿过这块“风水宝地”，我来到了一座小桥上。向北望去，前面曾经是仁村中学的所在地，我读书学习的地方，然而，那片校园已经成为过去。当年我们奠基盖起来的新学校已经不见了，所以没有心情再往前去观看，转身朝河中的水流望去。

今年雨水大，河里积满了水，河水缓缓地流动。望着河中平静的水面，我的心回到了从前。

想当年，我当村干部的时候，曾经在这里挖河清淤，与全公社的民工们一起推车、挑担，把河底的淤泥一筐筐抬上河岸，将河底加深、河面拓宽。经过一个冬天的鏖战，才使得这条河再次成为滋润两岸土地、造福沿岸百姓的幸福之河。

这条河，承载了我们的青春岁月，蓄积了两岸一代又一代人的勤劳、智慧和力量，同时也见证了当地农村的繁荣变迁。

2021 年在老家后店子河桥上

上中学时，我天天从桥上路过，读大学后，每逢回家也都首先来到这座小桥上。今天赶集，我特意向北走了一段路，上了桥，自拍一张照片留作纪念，随后又把镜头伸向了远处，拍下一张河流的全景。看着这张照片，我的心又回到了从前。

那是在上高中一年级的时候，暑期到了，回家打点羊草、猪菜，帮着父母干一些力所能及的体力活儿，天天不会闲着。那阵子，连续下了几天雨，地里到处积满了水，这天雨停了，天也放晴了，我背起筐，朝村东头走去，出了村庄，转身向北来到了这条河边。因为河堤高，草长势好，不一会儿我就割满了筐。我把装满草的筐放在河岸上，四处瞭望，连个人影都没有，一人多高的玉米、高粱地阴森森的，被风吹得哗啦哗啦作响。

按理说，一个女孩子面对滔滔的河水，身后和左右是大片一望无际的高粱和玉米地，应该感到的是害怕，但是我却没有丝毫畏惧，而是特别高兴，因为四处没人，我正好下水畅游后店子河。

一个猛子扎下去，我来到了深水处，奋力向前游啊游，好痛快！河中的水流急奔，我的身体被卷在洪流之中，顺势漂流。此时我心里明白，对岸在北边，一定要尽最大力气拨击水流，向对岸游过去。

由于连续下了几天大雨，河中的水位升高，我浮游在宽阔的水面上，耳边听着呼啸的急流声，力气越来越不够用。此时此刻才感到了害怕，甚至想到了死亡。不！绝对不能让水卷走！如果让水卷走了，谁也不知道去哪里找我，因为我来这里游泳，没有任何人知道。想到此，身体不知哪来了一股劲儿，四肢发力，拼命向对岸游去。

胜利就在眼前，我一个箭步跳上岸，倒在了河边……

惊心动魄的游泳历险记，我回家写在了日记中，但是没有和任何人提过。今天，想起来还真是有点后怕，如果那天我没能游到对岸，自然也不会有站在桥头的今天的我。想想生活中的许多偶然性，也许瞬间就是另一种结局，令之感叹并发人深省……

放下这段往事，我转身往回走，来到一个小摊儿前。上前问话："这梨好吃吗？是自家种的，还是趸来的？"摊主答："自家地里种的，不打农药，非常好吃。"我随口说："骗谁呢！不打农药长梨吗？"对方抬起头，仔细地端详着我。我再也憋不住了，哈哈地大笑了起来。原来，摊主是我高中的同学，今天来赶集的另一个目的就是来看他。

同学说："你怎么变得越来越年轻了！比我原来到保定你家去时还年轻。"这话又让我回了他一句："骗谁呢！"

老同学提到他曾到保定我家里去，那还是30多年前的事。记得当时他提着个小黑包，穿一件蓝色的棉大衣，在做推销锅炉的生意。当时，我居住50平方米的小屋，没好意思把他领到家里，而是安排他住在了我家对面的招待所。第二天陪他转了莲花池，吃了点风味小吃，尽了地主之谊。

今天，老同学相见，格外亲切，寒暄过后，带着同学送我的甜梨，继续在集市中穿梭……

后　记

金秋十月，硕果累累，我的回忆——《耕耘人生》即将由河北大学出版社出版发行。在此，特别感谢我的母校——河北大学。更感谢河大出版社的领导和同志们，为出好这本书紧张而忙碌地工作。

回忆自己几十年走过的人生路，既谈不上坎坷曲折，也不能说一帆风顺；既称不上业绩辉煌，更不能说碌碌无为。自我画像：一个目标明确、积极进取、追求卓越、不负年华，浑身充满正能量的女强人。

人的一生不可能一帆风顺，要学会在逆境中奋起，善于把握机遇。但是，机遇不会平白无故地给予，机遇总会青睐那些爱学习的人。这也许就是所谓的“上帝关了一扇门，又会打开一扇窗”。

应该说，我们这一代“河金”人，把自己的年华和心血奉

2021年在维多利亚夏郡家的书房里

献给了金融教育事业，与河北金融学院同呼吸、共命运，亲历了学校的成长和壮大，见证了学校的繁荣和辉煌。在我们身上，既有过去的历史印记和无私奉献的精神，也有与时俱进、开拓创新，顺应时代潮流的拼搏精神。

过去的40年，我敬业爱岗、砥砺前行。数学基础课、金融专业课教学，是我不懈努力、辛勤耕耘的阵地；经济金融理论和教学研究、科研与教学管理，是我坚持奋斗、施展才华的领域；学生政治思想教育、指导毕业论文和社会实践、教学督导与质量监控，是我以身作则、率先垂范的舞台。

几十年，受家庭影响和党的教育，努力学习工作，从一个有志青年，成长为一名专家学者。一路走来，忠诚教育事业，辛勤耕耘，桃李满天下。

写到这里，再一次想起了曾经给予我关心关爱、培养我成长的几位学校党委老书记，他们都是我非常敬重的人。

梁毅，一个谦和慈祥、细心认真的老先生。我刚来到这所学校的时候，他把我们年轻人看成学校的未来，关心备至，给我留下了深刻的印象。

张爱华，一个工作务实，满身书生气的好书记。在我担任团委书记的时候，他教育我当好党的助手，走好自己的人生路。

邢敏，一个不爱言表、心地善良，具有丰富实践经验的管理者。在他离休之时，我曾陪他到人行河北省分行及河北银行学校，与当时的领导话别，他的音容笑貌似乎就在眼前。

1999 年与校长姚得骥（中）、副校长王顺（右二）和金融系领导及老师们在学校餐厅聚餐

姚得骥，从 80 年代初到 90 年代末，我们一直是好邻里。

多年来，他给予我生活上的照顾，关心我的成长，鼓励支持我脱产进修学习。

2021 年与万素英书记在保定市军校广场

万素英，一个充满着智慧和才华的大姐。

有一天，我到石家庄参加一个战略合作伙伴签字仪式，意外遇到了正在开政协会议的万书记，她知道我没安排住处，就邀请我到她的房间休息。2009 年，我父亲去世，她带领学校一行人，冒着大雨行驶 400 多里路，踏着泥泞的乡间小道，送来了工会和同志们的关心、慰问。

汤生玲，一个习惯叫我大姐的学校党委书记。汤书记只身一人从家乡来到河北金融学院，吃住在师生们中间，领导着学校的发展。一日，我来到校园闲庭信步，正巧汤书记也在此欣

2019年与汤生玲书记在河北金融学院后花园

赏美景。我们一起走进花丛，校友帮忙，拍下一张照片，留住了这一时刻。

陈尊厚书记，前文自序中已经提起，不再重叙。

在书写“工作纪实”的过程中，我不止一次地想起引领学校前行的老领导。如果当年我没有选择上大学，就不可能遇见这些和蔼可亲的人，也不会发生那许多有意义的往事。也许命中注定，我的人生就该与他们相遇。

但是，我是唯物主义者，信奉的是共产党人的奋斗、拼搏精神以及追求梦想和为人民服务的宗旨。

在河北金融学院走过的70年征程中，我从1978年跟随至今，作为“河金人”，感到无比荣幸。在未来的岁月，我依然会把赤诚和爱心撒向“河金”这片净土，以滋润美丽的校园和花朵！

最后，谨以此书献给河北金融学院70周年华诞，提前预祝“河金”生日快乐！